슬기로운 메타버스 교회학교

슬기로운 메타버스 교회학교

지은이 | 신형섭·신현호
초판 발행 | 2022. 2. 23
등록번호 | 제1988-000080호
등록된 곳 | 서울특별시 용산구 서빙고로65길 38
발행처 | 사단법인 두란노서원
영업부 | 2078-3352   FAX | 080-749-3705
출판부 | 2078-3331

책값은 뒤표지에 있습니다.
ISBN 978-89-531-4160-5 03230

독자의 의견을 기다립니다.
tpress@duranno.com www.duranno.com

두란노서원은 바울 사도가 3차 전도여행 때 에베소에서 성령 받은 제자들을 따로 세워 하나님의 말씀으로 양육
하던 장소입니다. 사도행전 19장 8-20절의 정신에 따라 첫째 목회자를 돕는 사역과 평신도를 훈련시키는 사역,
둘째 세계선교(TIM)와 문서선교(단행본·잡지) 사역, 셋째 예수문화 및 경배와 찬양 사역, 그리고 가정·상담 사역 등
을 감당하고 있습니다. 1980년 12월 22일에 창립된 두란노서원은 주님 오실 때까지 이 사역들을 계속할 것입
니다.

✦ 이 시대의 땅끝, 메타버스에 복음을 전하다 ✦

슬기로운
메타버스
교회학교

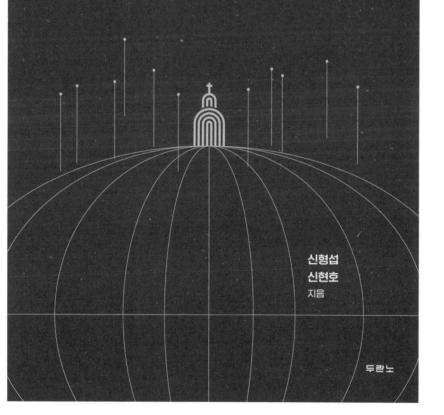

신형섭
신현호
지음

두란노

주님 오시는 날이 '세상 끝날'임은 틀림없다. 땅끝은 어디일까? 복음을 들어야 하는 영혼이 머무는 곳, 거기가 어디든 땅끝이다! 시공간을 넘어 우리에게 오신 예수님의 성육신 사건을 기억하자. 하나님의 시선이 머물며 주님의 관심이 머무는 자리, 뭇 영혼이 있는 곳이라면 땅끝까지 이르러 부활의 증인이 되기를 소망한다.

강윤호 목사, 반포교회 위임

이미 땅끝이 되어 버린 메타버스. 이토록 급변하는 기독교 교육의 환경에 대응하고 다음 세대를 적절히 교육하기 위해서는 현 세대가 시대를 바로 읽고 행동하는 것이 절실하다. 잇사갈 자손처럼 '시세를 알고 마땅히 행할 것을 아는'(대상 12:32) 부모와 교사가 되는 데 꼭 필요한 《슬기로운 메타버스 교회학교》를 온 마음으로 추천한다.

김도일 교수, 장로회신학대학교 기독교교육학

뉴노멀 시대가 도래하며 세상은 발 빠르게 새 시대에 대처해 가고 있는데 교회는 그렇지 못한 가운데 있다. 특히 지금의 다음 세대에게 기존 방식으로 복음을 전하기에는 반응이 쉽지 않은 시대가 되었다. 그렇기에 이러한 뉴노멀 시대에 다음 세대에게 메타버스를 통해 어떻게 접근할 것인가에 대한 분명한 방향과 구체적인 실천으로 안내하는 좋은 지표가 되는 이 책을 강력히 추천한다.

김호권 목사, 동부광성교회 담임

이 책은 4차 산업혁명과 코로나19 팬데믹으로 인해 어떻게 믿음 생활을 하며 다음 세대에게 신앙을 전수할 수 있을지에 관한 문제를 간파하고 그 문제의 적절한 대안까지 제시하고 있다. 이제 다음 세대가 새로운 미전도 종족으로, 메타버스라 불리는 제7대륙인 가상 공간이 땅끝으로 대두되는 이때에 이 책은 예수님의 지상 명령에 순종하여 선교하는 교회와 단체가 꼭 참고해야 할 지침서와 같은 책이 될 것이다.

박열방 선교사, FMnC(기술과학전문인)선교회 대표 우리 사회에서 일어나고 있는 메타버스 붐이 예사롭지가 않다. 이런 때에 메타버스를 교회학교에서 활용할 수 있는 방향을 제시하는 이 책의 출판 소식이 반갑기 그지없다. 그간 많은 사람이 메타버스와 기독교 교육을 말해 왔지만, 이 책처럼 구체적이고, 전문적이고, 마음을 울리는 책을 만나기는 쉽지 않을 듯하다. 이 책은 메타버스 교육 사역의 의미를 보다 근본적으로 숙고하며 기독교 교육의 근본 원칙을 우리에게 다시 상기시켜 준다. 책을 따라 읽어 가다 보면 우리는 이 책의 백미인 "교회교육 현장을 위한 메타버스 활용 매뉴얼"을 만나게 된다. 거기에 제시된 구체적이고 참신한 활용 방향들을 보면서 '나도 한번', '우리 교회도 한번'이라는 생각이 절로 난다. 이 책이 교회학교에서 메타버스 활용을 활성화하는 마중물이 될 수 있기를 바란다.

양금희 교수, 장로회신학대학교 기독교교육학

"코로나19가 언제 끝날 것인가?"보다는 "코로나19의 위기가 찾아올 때, 그 위기에 어떻게 응전할 것인가?" 하는 시대적 과제를 맞아 본서는 기독교 교육학자로서의 전문성, 시대적 통찰력, 현장에 대한 탁월한 경험을 토대로 21세기 위기에 대응하는 새 길을 제시한다. '대면 vs. 비대면'의 이분법을 넘어 '하나님과 참된 대면의 중요성'을 간파한 저자의 혜안에 아낌없는 박수를 보낸다. 전통과 변화, 이론과 실제, 온라인과 오프라인을 하나로 연결하는 '제3의 길'을 제시하며 목회자와 평신도, 교사와 학생, 전문인과 비전문인 모두에게 큰 유익과 명쾌한 깨달음을 선사하는 이 책을 한국 교회와 교회학교를 사랑하는 모든 분이 일독하기를 적극 권한다.

이규민 교수, 장로회신학대학교 기독교교육학

코로나19 팬데믹, 그리고 이어서 들려온 메타버스는 나에게 목회 패러다임의 전환에 대한 강력한 압박감으로 다가왔다. 그런 가운데서 동일한 현실을 품고 함께 고민하며 메타버스에 대해 연구하던 두 분의 학자가 새로운 목회 패러다임의 전환의 길을 친절하게 안내해 주고 있다. 이 책은 신학적, 학문적, 목회적, 실천적으로 두루 연구하고 검증하여 본질을 잃지 않는 실제적인 전략을 균형 잡힌 시각으로 명쾌하게 제시해 주고 있다. 이에 교육 현장의 모든 목회자와 다음 세대 지도자에게 강력하게 추천한다.

이전호 목사, 충신교회 위임

이 책은 코로나19로 무너져 가는 오늘의 교회교육을 위한 대안을 메타버스를 통하여 제시한다. 메타버스의 기본 개념에서부터, 기독교 교육적 함의, 더 나아가 국내외 현장에서의 다양한 메타버스 활용 사례와 현장 매뉴얼까지 친절하게 소개하는 본서를 포스트 코로나 교회학교의 새로운 출발을 꿈꾸는 모든 이에게 적극 추천한다.

장신근 교수, 장로회신학대학교 기독교교육학

메타버스는 관심 없는 사람에게는 없는 세계이며, 참여하는 사람에게는 실재하는 세계다. 다음 세대는 이미 메타버스 안에서 공부하고, 교제하고, 게임하고, 쇼핑하고, 창작을 통한 생산 활동을 하고 있다. 교회학교는 이제 메타버스 안으로 뛰어들어야 한다. 이 책은 메타버스 안에서 길을 잃지 않게 해 줄 내비게이션과 같은 책이며, 교육적 실재감을 추구한다는 점에서 매우 탁월한 책이다. 이 책의 내용이 아직은 낯설지 모르지만 5년 안에는 일반적인 교회학교의 모습일 것이다. 미래 교회학교의 모습이 궁금한 분에게 일독을 권한다.

주경훈 목사, 꿈이있는미래 소장, 오륜교회 교육총괄

물고기가 자신이 물에 젖어 있다는 것을 모르다시피, 현 사회와 특히 교회는 우리가 이미 메타버스 시대에 살아가고 있다는 점을 잘 알지 못한다. 우리 앞에, 아니 이미 우리 가운데 찾아온 메타버스의 영역 가운데, 교회에게 반드시 필요했던 교회학교 지침서가 바로 《슬기로운 메타버스 교회학교》이다. 이 책은 메타버스를 올바르게 바라볼 수 있는 성경적 관점을 제시할 뿐만 아니라, 이미 실행되고 있는 많은 현실적 모델, 그리고 바로 적용할 수 있는 실질적인 방법

들을 소개하고 있다. 이 책은 교회학교에 메타버스 백과사전과 같은 책이 될 것이다. 미국에서도 사용하고 싶은 내용으로 가득한 이 책을 강력히 추천한다.

케빈 리 목사, 새들백교회 온라인 사역 담당, 《온라인 사역을 부탁해》 저자

목차

"하나님은 우리가 평안할 때는 속삭이며 말씀하시지만,

우리가 고통 중에 있을 때는 메가폰으로 소리치신다."

– C. S. 루이스(C. S. Lewis)[1]

내가 너희에게 분부한 모든 것을 가르쳐 지키게 하라 볼지어다 내가 세상 끝

날까지 너희와 항상 함께 있으리라 하시니라 마 28:20

코로나19 팬데믹, 날씨가 아니라 기후를 바꾸어 버렸다

대표적인 기독교 리서치 기관인 바나 리서치의 데이비드 킨나만(David Kinnaman)은 인터뷰를 통하여 코로나19 팬데믹은 이 시대 다음 세대 신앙 전수 현장의 '날씨'가 아니라 '기후'를 바꾸어 버렸다고 말했다. 날씨가 변하면 우산이나 옷차림을 맞추어 살아가면 되지만, 기후가 변하면 생태계 환경 변화로 우리가 사는 집의 구조와 삶의 양식을 바꾸어야 한다.

'2015년 파리기후변화협정', '2050 탄소중립 추진전략', '그린 뉴딜',

'저탄소 경제 구조 전환' 등과 같은 우리가 좀 더 나은 삶을 살기 위한 논의라기보다는 앞으로 다가올 인류 생존에 대한 처절한 몸부림이라고 볼 수 있다. 그렇기에 적어도 기후 위기에 대한 대응 방안에 관해서는 국가와 기업과 연구소와 NGO 등이 너 나 할 것 없이 머리를 맞대어 긴급하고도 공동체적인 인류의 생존 전략과 국제 조약 및 실천에 참여하고 있다. 왜냐하면 기후 변화 앞에 우리의 응답은 '선택'할 수 있는 문제가 아니며, 그것은 우리의 '생존'의 문제이기 때문이다.

코로나19 팬데믹은 한국 교회에 목회적 날씨가 아니라, 기후를 바꾸어 버렸다. 한국 교회가 코로나19 팬데믹으로 인하여 급격히 바뀌어 버린 목회적 기후에 합당하게 응답하는 것은 이미 선택이 아니라 생존의 영역임을 체감하고 있다.

'뉴노멀'(New normal)로 불리는, 이전과는 전혀 다른 목회 생태계의 변화 안에서 많은 교회가 이전까지 모여서 함께 드리던 예배는 물론이고 양육, 교제, 봉사, 선교 등 교회의 핵심적인 사건을 교회로부터 가정으로, 오프라인으로부터 온라인으로, 교회학교로부터 가정 신앙 학교로 옮겨서 진행하게 되었다.

이는 코로나19 팬데믹이라는 예상치 못한 일기의 변화로 이전에 없던 온라인 예배와 비대면 목회 프로그램이 잠시 생겨난 것이 아니다. 이전에는 경험하지 못했던 비대면적 소통과 삶의 양식, 초시공간적 연결과 경험, 새로운 청년 세대와 젊은 부모 세대인 MZ세대의 등장, 알파세대의 출현 등과 같은 급격히 변화하는 새로운 목회 생태 기후적 변화에 응답하기 위한 패러다임적 전환과 갱신의 응답들이다.

하나님의 작전 타임, 새로운 경기를 시작하라!

중요한 경기일수록 작전 타임은 매우 중요한 승리의 변곡점이 된다. 분명히 경기는 멈춘 것 같은데, 결정적인 작전 타임이 작동하는 순간 전혀 다른 경기가 시작되는 것이다. 경기에 뛰는 선수와 경기장의 환경은 그대로인데, 능력 있는 감독은 가장 필요한 시간에 경기를 멈추게 하고 선수들을 감독 앞으로 소환한다. 이때 경기를 열심히 뛰던 선수들은 잠시 숨을 고르거나 물을 마시기도 한다.

하지만 작전 타임의 가장 큰 유익은 경기를 열심히 뛰느라 못 보았던 감독의 얼굴을 마주하고, 감독의 음성을 명확히 듣는 것이다. 자신의 기량만큼 열심히 뛰던 선수들이 작전 타임을 통해서 이제는 감독의 안목만큼 경기를 뛰게 된다. 감독을 신뢰하고 순종하는 선수와 팀일수록 작전 타임 이후에 시작하는 경기에서는 감독의 능력만큼 전혀 새로운 양상의 경기를 경험한다.

성경과 2천 년 교회사는 하나님의 백성과 교회가 하나님이 허락하신 사명과 삶의 여정을 가는 동안, 중요한 위기의 순간마다 거룩한 멈춤의 시간인 하나님의 영적 작전 타임에 소환되었음을 증언하고 있다.

출애굽의 여정만 보아도 그렇다. 거기에는 홍해 앞에서의 멈춤과 승리 사건, 시내산에서의 40주야 멈춤과 십계명 사건, 40년의 광야 생활 중 구름 기둥과 불 기둥의 멈춤과 전진 사건, 아말렉 전투를 통한 이스라엘의 멈춤과 승리 사건 등이 있었다. 하나님은 이를 통해 매우 의도적으로, 하나님의 멈춤 사건이 이스라엘에게 손해가 아니라 도리어 그들을 영적 갱신과 신앙적 성숙으로 인도하심임을 반복해서 경험하게 하셨다. 즉 하나님은 멈춤의 시간마다 이스라엘 백성이 당장 눈에 보이는 목표를 좇아가느라 놓치고 있던 하나님을 향한 시선과 우선 순위를 회복하게 하신 것이다. 멈춤의 시간은 하나님의 백성에게 결코 손해 보는 방전의 시간이 아니라, 진정한 승리를 위한 강력한 충전의 시간이었다.

지금 한국 교회의 상황도 이와 같다. 하나님의 말씀과 진리 안에서 이제까지의 목회를 다시금 돌아보고 갱신하며 정비하는 걸음을 걸어야 한다. 그러면 지금 이 고통의 기간은 단지 빨리 지나가야 할 시간이 아니라, 하나님의 부흥과 능력을 이전보다 더욱 풍성히 경험할 수 있는 갱신과 변화의 시간이 되리라 믿는다.

코로나19 팬데믹 속에서 이전과 전혀 다른 형태의 예배와 기도, 찬양과 교제, 성경 공부와 양육, 심방과 선교를 시행하면서 우리는 다시금 하나님의 영적 작전 타임 앞에 서게 되었다. 우리 교회는 어떠한지 다음 질문들에 답하며 스스로 점검해 보자.

"코로나19 팬데믹 이전까지 드려 오던 교회학교 예배는 과연 하나님을 대면하는 예배였는가?"

"교회학교에 위탁해 양육하던 다음 세대 신앙 교육은 성서적으로, 목회적으로 합당했는가?"

"교회학교의 반 목회는 예수님을 닮은 회중의 삶으로 친절하고 신실히 찾아가는 목회였는가?"

"우리 교회에 출석하던 아이들은 안전한 신앙 생태계를 제공받으며 친절하게 복음을 들어 왔으며, 위기의 순간에 예수님을 찾을 영적 준비가 되었는가?"

메타버스, 어떻게 해석하고 활용할 것인가?

사실 많은 한국 교회 교회학교가 하루속히 코로나19 팬데믹 이전의 상황으로 돌아가기를 간절히 원하지만, 이러한 본질적 질문들 앞에서 우리의 교육목회가 이전으로 돌아가는 것에서는 답을 찾을 수 없음을 인정하기 시작했다. 이제 우리가 더욱 주목해야 하는 것은 코로나19 팬데믹이라는 멈춤의 시간을 속히 마치고 다시 경기로 되돌아가는 것이 아니라, 이 작전 타임을 통해 하나님의 마음과 지혜로 다시금 우리의 사역을 갱신하고 실천하는 것이다.

필자는 이 책에서 하나님이 코로나19라고 하는 영적 작전 타임을 통해 한국 교회로 하여금 듣게 하시는 다음 세대 교육목회 영역에 대해 이야기하고자 한다. 특히 '메타버스'(metaverse)라고 하는, 이 시대에 새롭게 등장한 복음의 땅끝에 대한 목회적 이해와 구체적인 실천들에 대한 지혜를 나눌 것이다. 먼저 메타버스를 교회에서 어떻게 해석하고 활용해야 하는지에 대해 목회적 안내를 하고, 주목할 만한 현장을 소개하며, 지역 교회에서 활용할 수 있는 메타버스 신앙 전수 매뉴얼을 제공할 것이다.

이미 우리 자녀 세대의 땅끝이 되어 버린 메타버스라는 현장을 다음 세대 교육목회에 활용한다는 것은 다음과 같은 의미를 지닌다.

첫째, 기존의 현장 교회학교를 메타버스로 대체하는 것이 아니라, 현장 교회학교의 목양 영역을 '확장'하는 것이다. 둘째, 메타버스를 활용한 다음 세대 사역은 그동안 온라인으로 많은 것을 보여 주려고 하던 신앙 교육 방식을 그들이 '참여'하는 자리로 전환하는 것이다. 셋째, 메타버스 다음 세대 신앙 교육은 이 사역에 대한 재정과 인력의 투자 대비 얼마나 많은 결과가 보장될 수 있을지에 대한 효율이 아니라, 복음을 전하기 위하여 부르심을 받은 '사명'에 대한 응답이다. 넷째, 메타버스를 활용한 신앙 교육은 세상의 물질주의에 편승하는 양육법이 아니라, 세상에 하나님 나라를 세우기 위하여 하나님이 우리에게 맡기신 '물질성'을 지혜롭게 활용하는 양육법이다.

메타버스는 기존의 현장 교회학교를 대체하는 것이 아니라, 확장과 눈높이 교육을 위한 중요한 선교지다. 그렇기에 우리에게는 어떻게 하면 새롭게 펼쳐진 다음 세대 사역의 열린 문으로서의 메타버스를 바른 신앙의 장이 되게 할 수 있을지, 그 가능성과 한계점에 대한 합당한 기준이 요청된다.

따라서 이 책에서는 예배, 성경 공부, 수련회, 선교, 봉사, 전도, 교제, 가정 신앙 활동 등 교회학교에서 핵심적으로 섬겨 왔던 신앙 형성의 현장에서 메타버스로 할 수 있는 것과 할 수 없는 것이 무엇인지에 대하여 성서적이고 신학적이며 예전적이고 교육목회적인 기준들을 제시해 보고자 한다.

그리하여 유대인의 땅에서 나아가 갈릴리와 이방인의 땅까지 친히 가셔서 복음을 전하신 예수님의 걸음을 본받아 땅끝까지 복음 들고 나아가기를 원하는 교사와 부모, 교역자와 교회들에게 하나님의 마음과 긴급한 부르심을 공유할 것이다. 아울러 교육목회 현장마다 메타버스를 효율적이고 실제적으로 활용할 수 있는 사역 매뉴얼을 제공할 수 있게 되기를 간절히 소망한다.

다음 세대에게 온라인은 차선이 아닌 우선

많은 다음 세대 전문가는 이 시대의 다음 세대와 관계를 맺으며 소통함에 있어서 온라인은 차선이 아니라 우선이 되었다고 말한다.[2] 다음 세대는 이미 온라인을 통하여 자신이 경험한 좋은 것들을 소개하며, 서로 간에 관심 분야를 나누고, 새로운 관계를 맺는 것에 익숙하고 불편하지 않다는 것이다.

2천 년 전 예수님은 하나님의 백성에게 복음을 전하기 위해서 인간의 몸을 입고 유대인의 문화 안에 들어오셔서 인간의 언어로 복음을 전하셨다. 이 사실을 기억할 때 우리가 지금 하나님이 우리에게 맡겨 주신 다음 세대의 메타버스 문화 안에 들어가 그들의 언어로 복음을 전해야 한다는 것은 이미 선택이 아니라 필수라는 것은 너무나 분명하다. 왜냐하면 적어도 하나님을 알지 못하여 교회의 문턱을 넘기 어렵거나 교회에 대한 오해를 가지고 있는 다음 세대에게 하나님 나라 복음을 전하는 플랫폼으로서 온라인은 이미 차선이 아니라 우선이 되었기 때문이다.

오늘도 세상은 우리의 다음 세대에게 너무도 빠르고 강력하게 하나님이 없다고 전제하는 세속적 가치관과 지식을 전해 주고 있다. 메타버스는 바로 그러한 핵심적인 삶의 장이며, 메타버스 안에서 만나는 콘텐츠와 경험은 그들의 세계관에 지속적으로 영향을 준다.

예수님이 보이신 선교와 전도는 이러한 세상을 거부하거나 무너뜨리는 것이 아니라, 도리어 그 세상 속으로 들어가 복음으로 세상을 변혁시키는 것이었다. 즉 예수님은 세상의 룰을 깨시는 분이 아니라, 세상의 룰을 새롭게 만드시는 분이었다. 어느 목사님의 선언처럼, 이 시대의 하이브리드(hybrid, 융합)는 하이브리드(high-breath, 성령의 임재와 호흡)되어야 한다. 온라인과 오프라인을 융합하는 것을 넘어서, 우리의 삶을 하나님의

슬기로운 메타버스 교회학교

능력과 임재로 덮으시는 하나님의 새로운 호흡이 우리 안에 들어와야 한다.

이를 위해 우리의 메타버스 사역은 결코 메타버스라는 플랫폼을 활용하는 것만으로 대안이 될 수 없다. 하늘로부터 임하는 하나님의 능력과 호흡이 우리의 심령을 예수님의 마음으로 채울 때 메타버스라는 세상의 언어가 하나님의 사랑이 흘러들어 가는 거룩한 통로가 되리라 믿는다. 바로 그때 예수님의 제자인 우리는 지금 이 시대 안에 경험하고 있는 이 변화가 결코 신앙 전수의 거대한 걸림돌이 아닌, 도리어 새로운 시대에 새로운 하나님 역사의 디딤돌이 됨을 경험하게 될 것이다.

바로 그러한 복음 전파의 현장마다 이 책이 효율적이고 실제적인 사역 매뉴얼로 제공되기를 간절히 소망한다.

위기마다 새 창조를 행하신 하나님을 기억하며

신형섭, 신현호

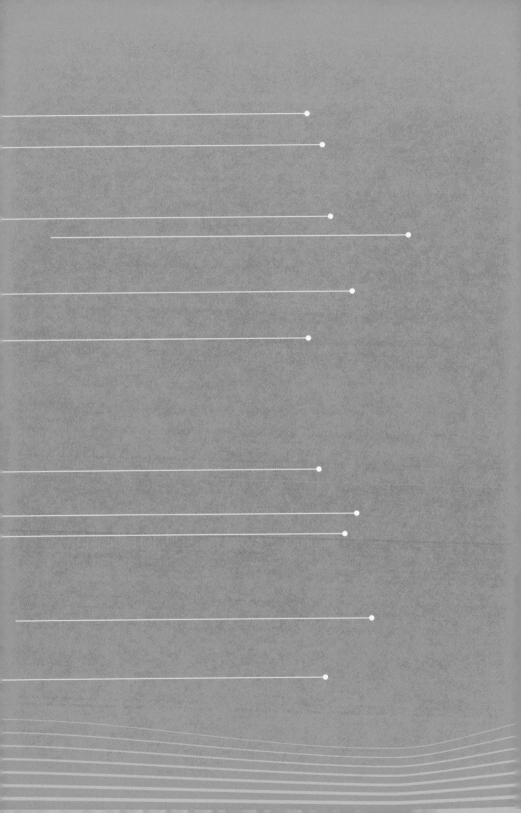

1부

메타버스 마주하기

메타버스 교회학교 이론편

01 메타버스,
이미 다음 세대의 땅끝이 되다

라이프웨이 리서치의 대표인 에드 스테저(Ed Stetzer)와 톰 레이너 (Tom Rainer)는 《교회 혁명》(요단, 2014)이라는 책을 통해 다음과 같이 선언한다.

> "변해야 할 고통보다 변하지 않을 때 받게 되는 고통이 더 클 때 우리는 변한다." [1]

이는 세속화로 인한 교회의 위기와 침체 현상을 수십 년 먼저 경험했던 미국 교회가 하나님이 주목하실 만한 강력한 복음과 건강한 목회로 부흥한 교회들을 연구하며 발견한 중요한 요소다.

세상의 세속화 물결 안에서 마주한 영적 도전과 위기는 모든 교회가 동일했다. 하지만 그 위기 앞에서 머리의 동의만이 아닌 오직 말씀과 사명 앞에 근본적이고 창조적인 갱신을 시도한 교회들이 있었다. 그들은 위기의 걸림돌을 변화의 디딤돌로 삼아 더욱 부흥하는 걸음을 걸어 냈다. 하나님 백성의 삶에 위기와 변화는 함께해 왔다. 다만, 믿음의 용기 위에서 걸어 내는 변화와 창조의 사역은 이 땅 위에서 새로운 하나님 나라를 경험하고 확장하는 위대한 걸음이 되었다.

지금 한국 교회는 137년 전 복음이 조선 땅에 전해진 이후로 가장 큰 위기와 변화의 갈림길 앞에 서 있다. 한국 교회의 위기와 다음 세대 골든타임에 대한 경종은 이미 1990년대 중반부터 지속해서 울려 왔다. 하지만 4차 산업혁명과 코로나19 팬데믹을 통한 급변하는 삶의 양식과 사회 구조적 변화는 이제 한국 교회로 하여금 복음의 본질을 더욱 붙들게 한다. 세상이 선명히 듣고 경험할 수 있는 성경적이고 창조적인 복음 전파의 길을 찾지 않으면 더 이상 소망이 보이지 않는다. 이 긴급한 결단의 시간이 오늘 우리에게 강력하게 요청되고 있다.

• 시세와 진리를 아는 리더를 부르시다

성경은 하나님이 다윗을 왕으로 세우실 때 시세를 알고 이스라엘이 마땅히 행할 바를 아는 리더들이 있었음을 알려 준다.

> **시세를 알고 이스라엘이 마땅히 행할 것을 아는 우두머리가 이백 명이니** 대상
> 12:32

하나님은 다윗으로 왕이 바뀌는 큰 세상의 변화 앞에 시세와 진리를 아는 리더들이 필요하다는 점을 주목하고 계셨다. 우리는 기

억한다. 출애굽한 부모 세대가 홍해를 건넜던 방법과 다음 세대가 요단강을 건넜던 방법은 달랐으며, 만나와 메추라기를 먹으며 살던 부모 세대의 광야에서의 삶의 양식과 추수하고 경작하며 살아간 다음 세대의 가나안 땅에서의 삶의 양식은 전혀 달랐다. 광야 땅에서 이동하는 성막에서 드렸던 부모 세대의 예배 양식과 가나안 땅 솔로몬 성전에서 드린 다음 세대의 예배 양식은 달랐다.

동일한 하나님의 부르심과 말씀 앞에 삶의 예배와 거룩한 제사를 최선을 다해 드렸다. 하지만 시대마다 상황마다 하나님은 다른 형태와 양식을 통하여 하나님 나라의 임재와 실존을 하나님의 백성에게 늘 신선하고 강력하게 보여 주셨다. 그렇기에 우리가 주목하고 견고히 붙들어야 할 본질적 대상은 하나님의 은혜를 경험하게 했던 전통과 양식이 아닌, 그 전통과 양식을 통해 은혜를 공급해 주신 하나님의 현재적 부르심과 응답이다.

지금 한국 교회는 코로나19 호흡기 감염 질환으로 일상의 멈춤과 변화라는 큰 위기와 고통의 한복판에 서 있다. 현재 부모 세대가 하나님의 은혜를 강력하게 경험했던 여름 수련회와 부흥회, 통성 기도와 산 기도, 노방 전도와 제자 훈련과 전도 집회 등과 같은 대면적 영적 사건의 형식을 그대로 유지하는 것조차 제한을 받는 상황이다.

그러나 우리가 변화하는 세상 속에 깨어서 주목해야 할 것은 우리가 은혜를 경험했던 형식을 다시 재현해 내는 것이 아니다. 우리를 신실과 능력으로 만나 주셨던 하나님이 지금 이 상황에서는 어떠한 새로운 길을 통하여 동일한 영적 사건과 은혜를 부어 주실지를 기대하고 분별하며 믿음의 걸음을 멈추지 않고 걸어가는 것이다.

• 아이들은 이미 거기서 살고 있다

'가상 공간'이라고 불리는 메타버스는 4차 산업혁명의 초시간, 초공간, 초지능, 초연결의 코드 위에 코로나19 팬데믹이라는 비대면 사회의 환경 속에서 빠르게 등장한 삶의 공간이다. 메타버스는 1992년 닐 스티븐슨(Neal Stephenson)이 쓴 소설 《스노 크래시》에 등장한 단어로서, '초월'(beyond)을 의미하는 '메타'(meta)와 '우주'를 의미하는 '유니버스'(universe)가 합쳐져 만들어진 용어다.[2]

이 단어는 지난 2020년 10월, 컴퓨터 그래픽 회사 엔비디아의 최고경영자인 젠슨 황(Jensen Huang)이 콘퍼런스 기조연설에서 "지난 20년간 놀라운 일이 벌어졌다면, 미래 20년은 SF영화에서 보던 일이 벌어질 것이다. 메타버스가 오고 있기 때문이다"라고 말한 것으로 더욱 주목받기 시작했다.[3] 에픽게임스의 최고경영자인 팀 스위니(Tim Sweeney)는 "메타버스는 인터넷의 다음 버전이다"라고 말했다.[4]

우리가 주목해야 하는 점은 이러한 리더들의 선언이 언젠가 이루어질 미래가 아니라, 이미 다가온 현실의 삶이라는 것이다. 대표적인 메타버스의 현장인 제페토(Zepeto)는 네이버제트가 운영하는 아바타 서비스로서, 2018년 8월에 출시된 이후로 3년 만에 이미 2억 명이 넘는 가입자를 보유하고 있다. 또한 미국의 게임 플랫폼인 로블록스(Roblox)는 미국 16세 미만 아이들의 절반 이상이 가입했고, 월간 활동 이용자 수가 1억 5천 명을 넘었으며, 로블록스 스튜디오를 통해서 그들이 만든 게임의 수만 이미 5천만 개를 넘었다.[5] 게다가 그들이 로블록스에서 보내는 시간은 유튜브 시청 시간의 2.5배를 넘고 있다.[6]

이와 같은 가상 세계만이 아닌 증강 현실(Augmented Reality, AR), 라이프로깅(Life-Logging), 거울 세계(Mirror World) 등과 같은 메타버스의 다른 영역 역시 다음 세대에게는 미래에 언젠가 경험할 공간이 아니라, 이미 오늘 살아가고 있는 놀이터이자 삶의 현장이다.[7]

사실 우리는 이미 2017년 전 세계를 강타한 포켓몬 GO라는 게임을 통해 증강 현실을 자신의 놀이터로 즐겨 본 경험을 했으며, 페이스북이나 인스타그램을 통하여 자신의 삶을 기록하고 공유하거나, 스마트워치를 통해 자신의 심박 수와 체지방률 등을 측정하고 관리하는 라이프로깅을 살아간다.[8] 또한 해당 장소를 직접 가지 않아도 볼 수 있는 거울 세계를 이용하여 배달 어플로 음식을 주문하거나 인터넷 지도로 내가 머물게 될 숙박 시설을 미리 확인하기도 한다.

뿐만 아니라 이프랜드(Ifland)나 게더타운(Gather.town)과 같은 현실에는 존재하지 않는 가상 세계를 통해 학교 입학식이나 오리엔테이션에 참여하기도 하고, 마인크래프트(Mine Craft)와 같은 가상 공간에 들어가서 게임에 참여하기도 하고, 자신의 학교나 놀이터를 만들어 거기서 친구들을 만나기도 한다.[9]

코로나19 팬데믹으로 불과 수십 명도 함께 모이기 힘들었던 2020년 4월, 포트나이트(Fortnite)라는 온라인 게임 공간에서 신곡을 발표한 가수 트래비스 스캇(Travis Scott)의 공연에 실시간으로 참여한 사람들의 숫자는 1,230만 명이었으며, 그날 하루의 수입만 2천만 불이 넘었다.[10] 적어도 여기에 모인 다음 세대는 코로나19 팬데믹의 한복판에서도 가상 공간 안에서 마음껏 자신이 좋아하는 음악을 듣고, 가수를 만나고, 아이템을 사고, 자신들의 이야기와 사건을 경험하며 살아가고 있다.

• 디지털 세상에서 이미 살아오던 아이들

코로나19 팬데믹으로 인해 갑자기 닥친 먼 미래처럼 느껴지지만, 사실 이미 4차 산업혁명의 대표적인 삶의 자리인 디지털 플랫폼을 통하여 다음 세대의 삶의 중심에 깊이 들어와 있었다.[11]

세계경제포럼 의장인 클라우스 슈밥(Klaus Schwab)은 "앞으로의 미래는 큰 물고기가 아니라 빠른 물고기가 느린 물고기를 잡아먹는 시대"가 되었다고 말했다.[12] 4차 산업혁명과 코로나19 팬데믹으로 급격히 변하고 있는 이 시대는 경제로부터 시작해 문화, 과학, 교육, 의료, 군사, 산업에 이르기까지 디지털 자산과 플랫폼을 기반으로, 기존의 한정된 공간과 시간과 자원 안에서 경쟁하고 가치를 만들어 내던 시대에서 초시공간과 가치 창출의 시대로 급격히 전환되고 있다.

2019년도 한국언론진흥재단이 실시한 "한국 청소년 미디어 이용 실태에 대한 연구"에서 청소년들이 무언가 관심이 있거나 흥미가 있을 때 어떤 경로를 통해 학습하고 배워 가는가를 알아보다.[13] 온라인 동영상 플랫폼이 37퍼센트, 포털 및 검색 엔진이 34퍼센트, SNS가 21퍼센트 등 총 92퍼센트가 디지털 플랫폼을 이용한다는 결과가 나왔다. 즉 10명 중에 9명 이상은 세상이 궁금하면 디지털 플랫폼을 찾아가더라는 것이다. 바로 그 가상 공간이 청소년들에게 학습의 공간이며, 세상을 탐구하고 분별하는 현장이고, 가상 공간의 유튜버들과 인플루언서들이 강력하고 친절한 선생님이 된 것이다.

1970년대에 태어나 X세대에 속하는 필자는 어렸을 때 무엇이든 궁금하면 전과를 펼쳐보았고, 청소년기에는 교과서와 전문 잡지를 보았다. 그리고 대학생 때는 국회도서관을 찾아다니며 세상을 탐구하고 배우며 자라났다. 그런데 다음 세대는 디지털 세상에 쏟아져 나오는 수많은 지식을 클릭함으로 검색하여 탐구하고, 세상을 알아 가고, 세상에 응답하고, 세상을 꿈꾸어 나가고 있다.

현재 1분마다 업로드되는 동영상만 약 500시간의 분량이고, 하루에 업로드되는 동영상은 82일 동안 시청해야 볼 수 있는 양이다. 이처럼 엄청난 양의 지식과 콘텐츠가 모이는 유튜브는 다음 세대가 세상을 보고 배워 가는 강력한 교과서가 되고 있다.[14]

그렇다면 온라인과 가상 공간을 통하여 삶의 방향과 가치와 의미를 찾고 확인하며 세상을 살아가는 모습이 과연 10대에서만 나타나는 삶의 특징일까? 결코 그렇지 않다. 나스미디어가 조사한 "2019 인터넷 이용자" 조사 결과에 따르면, 동영상을 활용해 호기심이나 궁금증을 해결하는 유튜브 이용자 현황은 다음과 같다. 10대 99퍼센트, 20대 91퍼센트, 30대 87퍼센트, 40대 85퍼센트 등 연령이 올라가면서 조금씩 떨어지다가, 50대 이상이 되면 89퍼센트로 다시 올라가는 현상을 보인다.[15]

MZ세대가 주요 고객층이며 가상 공간 안에서 자신들의 아바타들끼리 대화도, 놀이도 가능하게 해 주는 대표적인 VR 기계인 오큘러스퀘스트2(Oculus Quest 2)는 지난 2020년 출시된 지 불과 3개월 만에 500만 대 이상이 판매되었고, SKT를 통한 국내 1차 출시도 3일 만에 완판되었으며, 2차는 무려 4분 만에 모두 판매가 되었다.[16]

마이크로소프트사는 글로벌 콘퍼런스 이그나이트 2021(Ignite

2021)에서 메타버스 기술을 활용한 D365 커넥티드 스페이스(Dynamics 365 Connected Spaces)를 선보이며, 이제 회사의 업무와 협업은 사람, 공간, 사물이 디지털 세상으로 연결되고 확장된 협업 시스템으로 나갈 것을 선언했다.[17]

온라인 플랫폼과 가상 공간이 이른바 '제7대륙'이 되어 우리 삶의 강력한 학습과 소통, 생활과 문화의 통로가 된 것은 단지 10대만의 국지적 세대 현상이 아니라, 이 시대의 전 연령이 경험하고 있는 거시적인 삶의 혁명이라고 이해할 수 있다.

• 불경을 전파하는 인공지능 스님이 나타났다

중국에 용천사라는 천 년이 넘은 절에는 노란 승복을 입고 태블릿을 들고 있는 '셴얼'이라는 인공지능 로봇 스님이 있다. 이 로봇 스님은 오늘 하루 수많은 중국인이 어떤 것에 관심을 가지고 검색을 했는지 빅데이터를 모아서 그 이슈와 가장 연관이 깊은 불경의 문장을 찾아내 알기 쉬운 현대 중국어로 번안하여 포스팅한다. 놀랍게도 여기에 하루 평균 100만 명의 사람들이 '좋아요'를 누르며 자신이 고민하는 삶의 이슈에 대한 기준과 통찰을 불교의 메시지를 통하여 들으며 응답하고 있다.

그렇다면 우리 그리스도인들은 이 시대가 복음의 메시지를 들을 수 있도록 얼마나 합당하게 전하고 있는가? 초대 교회부터 그리스도인들이 들어 왔던 또 다른 이름은 '증인'(martus)이다. 이 단어는 '순교자'를 뜻하는 단어(martyr)와 어원이 동일하다. 즉 예수님만이 우리 삶의 진리가 되셔야 함을 전하는 일에 제한을 받으면 목숨도 내어놓았던 자들이 바로 그리스도인들이었다.

　　16세기 종교 개혁의 시대에는 어떠했는가? 짧은 시간에 유럽 전역에 복음이 효과적으로 전파된 배경에는 당시 강력한 세상의 시세였던 인쇄술이 있었다. 요하네스 구텐베르크(Johannes Gutenberg)의 인쇄술로 가장 먼저 찍어 낸 것은 타락한 교회의 단면을 보인 면죄부였지만, 그 위에 복음을 얹으니 인쇄술이 강력한 복음의 통로로 쓰임 받은 것이다. 지금 우리는 우리가 들었고, 고백했고, 믿고 있는 이 강력한 생명과 진리의 메시지를 이 시대의 사람들에게, 특히 다음 세대에게 합당하게 전하고 있는가?

• 메타버스, 이 시대 복음 전파의 땅끝이 되다

　　메타버스는 이미 다음 세대의 땅끝이 되었다(마 28:20). 새들백교회에서 온라인 사역을 담당하는 케빈 리(Kevin Lee) 목사는 할리우드

크리스천 미디어 디렉터인 필 쿡(Phil Cook)의 말을 인용하며, 이 시대의 가장 큰 미전도 종족은 페이스북이라고 말했다.[18] 이 시대에 다음 세대를 만나기가 어렵다고 말하지만, 오늘도 27억 명이 넘는 사람들이 페이스북 안에서 자신의 삶을 자발적으로 나누며 살아가고 있다.

'복음의 땅끝'은 내가 복음을 들고 가지 않으면 그 누구도 그곳에 거주하는 자들에게 복음이 무엇인지 알려 줄 수 없는 곳을 의미한다. 제페토에는 2억 명의 다음 세대가, 로블록스에는 1억 5천 명의 다음 세대가 오늘도 바로 그곳에서 학업도, 놀이도, 쇼핑도, 취미 활동도 하고, 심지어 자신의 인생과 비전도 꿈꾸며 살아가고 있다. 그런데 너무나 안타깝게도 거기에 십자가 복음을 들고 들어가서 그들과 함께 거주하며 하나님 나라 이야기를 전하고 보여 줄 사람과 교회는 많이 보이지 않는 것이 현실이다.

중요한 것은 우리가 처한 상황이 아니라, 상황 앞에 선 우리의 응답이다. 원래 복음은 세상의 상황이 좋아져서 힘을 얻게 된 것이 아니다. 복음은 세상보다 크신 하나님을 신뢰하는 하나님의 백성을 통하여 전파되어 왔음을 기억해야 한다. 그렇기에 메타버스야말로 이전처럼 현장에 모일 수 없고 교제하기 어려운 우리의 교회교육 현장에서, 하나님이 우리에게 주신 하나님 나라 이야기를 세상의 물리적 상황과 조건에 제한받지 않고 다음 세대에게 전할 수 있는 이 시대 복음 전파의 땅끝이라고 생각한다.

예수님이 승천하시기 전에 유언과 같이 주신 명령, "땅끝까지 이르러 내 증인이 되리라"(행 1:8)라는 대사명이 여전히 심장을 뛰게 하는가? 그렇다면 메타버스라는 다음 세대의 삶의 현장에 복음의 깃발을 들고 나아가는 것은 무엇보다 긴급하고 우선적인 믿음의 응답이 될 것이다.

성경은 하나님이 하나님의 백성을 다시 깨우시고 새로운 부흥과 일하심을 보이려 하실 때, 많은 경우에 그들에게 이전에 익숙하고 안전했던 지대를 떠나라고 명령하셨음을 기록하고 있다.

하나님은 바벨탑 사건으로 하나님을 아는 백성이 흩어져 버린 상황에서 아브라함을 통하여 다시 하나님 나라를 이 땅 위에 새롭게 세우려 하셨다. 하나님은 아브라함에게 가장 먼저 그 땅을 떠나라고 하셨다. 족장 시대에 고향과 친척과 아버지의 집을 떠나라는 명령은 아브라함에게 엄청난 위기이자 도전이었겠지만, 그 익숙하던 안전지대(safe zone)를 떠났을 때 하나님은 이민자가 된 아브라함의 삶을 통해 강력한 하나님의 일하심을 드러내셨다.

아브라함의 아들 이삭도 이민자였고, 야곱도 이민자였고, 요셉 역시 익숙하던 아버지의 집을 떠나 애굽 땅에 살게 된 이민자였다. 하지만 하나님은 그 이민자의 삶을 도리어 하나님만 의지하는 세대로 바꾸어 내셨다. 400여 년간 하나님을 잊고 살아가던 이스라엘 백성 역시 하나님의 언약 앞에서 익숙한 애굽 땅을 떠나라는 명령을 받았고, 자녀 세대 역시 원래 자신들이 살던 땅이 아닌 한 번도 걸어가 보지 않은 가나안 땅에 들어가라는 명령을 받았다.

신약의 초대 교회 역시 주님의 제자들은 예루살렘 교회에 머물고 싶어 했으나 하나님이 그들을 열방으로 흩으셨다. 종교 개혁 시대와 청교도 시대에도 하나님은 익숙한 땅을 떠나 장소와 문화와 세대가 전혀 다른 곳에서 하나님 나라의 일을 시작하게 하셨다.

익숙한 안전지대를 떠난다는 것은 인간의 관점에서 볼 때는 너무나 위험하고 불안했지만, 하나님의 관점에서 보면 하나님이 새로운 역사를 시작하시기에 합당한 상황이 되었다. 왜냐하면 하나님 외에는 어느 것도 의지할 수 없는 그때가 바로 하나님이 하나님의 일을 능력 있게 시작하시는 때이기 때문이다.

• 하나님의 꿈을 위한 위대한 믿음의 걸음

예수님의 성육신과 십자가 사건이야말로 하나님이 가장 안전한 곳을 떠나 가장 위험한 걸음을 걸어 내시어 이 땅 위에 하나님의 생명을 새롭게 드러내신 성경적 교육목회의 정점이다. 하나님은 우리를 구원하시고 하나님의 백성으로 삼으시기 위한 하나님의 꿈을 우리 삶에 이루시기 위해서 2천 년 전, 우리로서는 상상도 못했던 가장 위험하고도 위대한 믿음의 걸음을 걸어 내셨다.

성경은 하나님이 마침내 우리의 하나님이 되실 것이며, 우리는 하나님의 백성이 될 것이라는 꿈(레 26:12; 렘 31:1, 31:33; 겔 37:27; 고후 6:16; 히 8:10; 계 21:7)을 반복적으로 선언한다. 또한 그 꿈이 드디어 예수님의 성육신과 십자가 사건을 통해 우리 삶의 현실이 되었음을 선언한다.

> 6 그는 근본 하나님의 본체시나 하나님과 동등됨을 취할 것으로 여기지 아니하시고 7 오히려 자기를 비워 종의 형체를 가지사 사람들과 같이 되셨고 8 사람의 모양으로 나타나사 자기를 낮추시고 죽기까지 복종하셨으니 곧 십자가에 죽으심이라 9 이러므로 하나님이 그를 지극히 높여 모든 이름 위에 뛰어난 이름을 주사 10 하늘에 있는 자들과 땅에 있는 자들과 땅 아래에 있는 자들로 모든 무릎을 예수의 이름에 꿇게 하시고 11 모든 입으로 예수 그리스도를 주라 시인하여 하나님 아버지께 영광을 돌리게 하셨느니라 빌 2:6-11

놀랍게도 여기서 발견되는 하나님의 구원 사역의 특징은 초공간화, 초시간화, 초개인화, 초연결화다. 하늘 보좌를 버리고 이 땅에 육신을 입고 오신 하나님의 성육신은 강력한 초공간화의 사건이 되며, 2천 년 전 십자가 사건을 오늘 내가 믿을 때 이는 과거의 사건이 아니라 현재 나에게 일어나는 초시간화의 사건이 된다.

또한 예수님은 병든 자에게는 나음을, 눌린 자에게는 해방을, 말씀에 오해를 갖고 있는 자에게는 진리를 풀어 주시는 등 하나님 나라를 보지 못하게 하는 삶의 현장을 친히 찾아가셨다. 각자에게 필요한 복음의 진리를 보여 주시고 전하신 예수님의 목회는 매우 강력한 초개인화의 사건이 된다. 아울러 우리는 하나님의 백성이 되었음을 고백하는 순간, 이 땅을 살면서도 하늘과 연결되어 전 우주적인 하나님 나라의 백성으로 살아가는 초연결화의 사건을 경험하게 된다.

지금 우리는 4차 산업혁명과 코로나19 팬데믹, 그리고 메타버스의 새로운 등장으로 인하여 급격히 변해 버린 뉴노멀의 삶 속에서 어떻게 변하지 않는 복음의 진리를 다음 세대에게 전해야 할지, 그 길을 찾으려 몸부림을 치고 있다. 하지만 성경은 이미 예수님의 성육신과 십자가 사건을 통해 도리어 뉴노멀 시대 삶의 핵심 코드인 초시간, 초공간, 초개인, 초연결이 하나님의 교육목회의 전략이었음을 말해 주고 있다.

'언제, 어디서든, 어떻게든, 누구나' 하나님의 꿈이 현실이 되는 사건에 연결되고 참여할 수 있도록, 예수님이 자신의 삶을 가장 강력한 복음의 플랫폼으로 삼으신 것이다. 그리고 그 길을 따르는 우리 모두는 하나님이 예수님을 통하여 보이신 핵심 전략을 붙들고 결코 안전하지 않은 땅끝으로 복음을 들고 나아가야 한다.

──────── • 가장 강력한 하나님 나라 건축 터

강력한 신앙 공동체로 형성되고 성숙해지는 교회 안에는 공통적으로 발견되는 핵심 요소가 있는데, 그것은 바로 공동의 이야기, 공동의 의례, 공동의 비전이다.[1] 이는 기독교 교육 영역에서만 아니라 예배학, 사회학, 문화인류학에서도 공통적으로 말하는 것이다. 한 공동체의 구성원들이 강력한 소속감과 헌신을 경험하는 중심에 그들이 함께하는 사건과 그것을 정기적으로 반추하는 공동 기억의 시간이 있다는 것을 의미한다.

그처럼 함께 경험하는 의미 있는 사건과 그 사건으로 고백되는 공동의 가치가 그들로 하여금 더욱 견고한 공동체로 살아가게 한다. 즉 믿음의 가정이건 교회이건 강력한 신앙 공동체로 성장하고 변혁되기 위해서는 이러한 요소가 멈추지 않고 지속적으로 공유되어야 한다는 것이다.

그런데 지금 한국 교회는 어떠한가? 코로나19 팬데믹 상황으로 인해 다음 세대가 겪고 있는 본질적 위기는 함께 모여 경험한 공동의 사건과 기억, 그것으로부터 나오는 공동의 비전과 결단이 약화되거나 심지어는 멈춘 현장도 생겨났다. 그렇기에 우리는 이제 질문을 긴급히 바꿔야 한다. 코로나19 상황이 "'언제' 끝날까?"가 아니라, "'어떻게' 응답해야 할까?"다.

지금 모임이 제한되고, 비대면과 사회적 거리 두기가 시행되고 있는 상황에서 "어떻게 하면 예전처럼 다시 부모 세대와 다음 세대가 예배 공동체, 신앙 공동체로 모일 수 있을까? 어떻게 하면 공동의 사건과 이야기, 공동의 비전과 결단에 지속하여 참여할 수 있도록 교회와 다음 세대 각 부서 안에서 친절히 안내하고 목양할 수 있을까?"를 물어야 한다.

메타버스는 이러한 관점에서 볼 때 물리적, 상황적 제약으로 인하여 현장에서 만나기 어렵고 같은 사건을 경험하는 데 제한이 된 기존의 목회적 현장을 넘어 강력한 신앙 공동체로 강화하고 지속시킬 수 있는 현장을 한국 교회에 제공할 수 있다. 왜냐하면 메타버스를 통해서는 오늘도 믿음의 교사 세대, 부모 세대에게 전해진 하나님 나라의 이야기를 다음 세대에게 멈추지 않고 초시공간적으로 전할 수 있으며, 함께 공유한 하나님 나라 이야기를 통하여 같은 신앙 사건에 참여할 수 있기 때문이다.

이렇듯 하나님 나라의 이야기와 사건이 멈추지 않고 지속적으로 공유되고 나누어질 때 하나님은 말씀과 성령의 역사를 통하여 우리 안에 같은 하나님의 꿈을 꾸는 예배 공동체, 비전 공동체를 강력히 세워 나가신다.

만일 우리가 언제, 어디서든, 어떻게든 복음을 전하시려고 이 땅에 성육신하시고 죽기까지 우리를 사랑하신 예수님의 모델을 따라, 이 시대 다음 세대의 땅끝인 메타버스 안에 하나님 나라의 공유된 이야기, 공유된 사건, 공유된 의례, 공유된 비전을 소유한 공동체를 세울 수 있다면 어떻게 될까? 그러면 메타버스는 비대면과 팬데믹 상황에서 발견된 가장 큰 미전도 종족의 땅이 아니라, 가장 강력한 하나님 나라 건축 터가 될 것이다.

교육목회 현장에서 메타버스를 중요한 목회 현장으로 활용한다고 할 때 적지 않은 현장에서 고쳐서 다시 써야 할 메타버스에 대한 오답 노트를 가지고 있음을 발견하게 된다. 이를 바로잡기 위하여 우리는 성서적이고, 신학적이고, 교육목회적인 다음과 같은 기준들을 분명히 세울 필요가 있다.

대체가 아닌 확장

"메타버스를 적극적으로 활용하면 현장 교회학교는 사라지지 않을까?" 메타버스는 기존 현장 중심의 교회학교 사역을 대체하는 것이 아니라, 확장하는 것임을 분명히 해야 한다. 성경은 분명히 교회에서 마음을 같이하여 모이기에 힘쓰라고 하며(행 2:46), 모이기를 폐하는 자들의 습관과 같이 하지 말고 함께 모여야 함을 명하고 있다(히 10:25).

그러나 지금 한국 교회가 코로나19 팬데믹으로 처해 있는 상황은 어떠한가? 감염이나 보건상의 이슈나 직장, 건강상의 형편으로 이전과 같이 교회 현장에 함께 모여 대면으로 예배하고 교제하며 양육할 수 없는 상황이다. 이러한 때 교회는 어떻게 다음 세대에게 목회적인 안내와 양육을 지속해 갈 수 있을까? 물리적으로는 교회에 모일 수 있는 상황이지만 아직 믿음이 약하거나 복음을 접한 경험이 없어서 교회의 문턱을 넘기 어려운 비신자 혹은 초신자의 목양과 양육은 어떻게 이어 갈 수 있을까?

바로 이때야말로 성육신과 십자가 사건을 통해 예수님이 보여주신, '언제, 어디서든, 어떻게든, 누구나' 하나님의 은혜에 연결되게 도우셨던 올라인(All-Line) 사역을 더욱 적극적으로 구현해야 할 때다.

예수님의 그 마음을 품고 지속적인 전도 여행과 목회를 통하여 강력한 대면 사역을 실천했던 사도 바울은 자신이 감옥에 갇혀 있거나 가택연금으로 대면 사역을 할 수 없을 때도 사역을 멈추지 않았다. 도리어 만날 수 없기에 더욱 간절한 마음으로 기록한 목회서신을 보면, 교회 공동체를 향한 복음의 열정과 포기할 수 없는 하나님 아버지의 마음이 매우 간절히 담겨 있다. 이를 통한 복음적 목회의 영향력은 바울 자신에게 맡겨진 회중을 향한 하나님 나라와 복음에 대한 이야기를 더욱 강력히 전달하고 공유하게 했다.

새들백교회, 엘리베이션교회, 샌달교회 등과 같이 지금 이 시대에 주목할 만한 메타버스 사역을 하고 있는 교회들은 공통적으로, 그들의 사역 방향이 '온라인에서 오프라인으로'(from online to offline)임을 선명히 하고 있다. 온라인 사역으로 현장 사역이 단절되거나 축소되는 것이 아니라, 온라인 사역이 현장 사역으로는 단절될 수 있는 회중의 삶과 교회 공동체를 연결하는 목회적 다리(bridge) 역할을 하고 있는 것이다. 메타버스 사역은 교회학교 현장 사역의 대체가 아니라 확장이 되어야 한다.

보여 줌이 아닌 참여함

"우리 교회 아이들은 온라인에서도 반응이 별로 없는데 메타버스에서는 반응할까?" 메타버스 사역의 기본 양육 방법은 보여 줌이 아니라 참여함이다. 기존의 온라인을 통한 사역이 다음 세대에게 많은 것을 들려주고 보여 주었다면, 메타버스 사역은 그들이 적극적으로 참여하고 경험하도록 초대하고 있다.

기독교 미래학자 레너드 스윗(Leonard Sweet)이 예견했듯이, 이 시대는 지식을 넘어 경험을, 동의를 넘어 참여를, 사고보다는 이미지를, 단절보다는 관계적 공동체 안에서 반응하고 변화하는 세대가 되었다.[2] 책보다는 동영상을 통하여 학습하는 일에 익숙하고, 수동적 학습보다는 적극적인 참여로 성장하는 것을 선호하는 다음 세대에게 보다 상호 학습적이고 다중적 채널의 의사소통이 열려 있는 메타버스에서의 경험은 매우 환대적이며 안전한 공간으로 인식된다.

예수님의 사역이야말로 문자적인 일방적 전달이 아닌 인격적 대화였고, 지식의 기억을 넘어선 제자도의 참여였다. 따라서 주님은 아카데미를 세우지 않으시고 제자들과 더불어 사시며 그들이 언제든 질문하고, 언제든 경험하고, 언제든 하나님 나라의 사역에 참여

슬기로운 메타버스 교회학교

할 수 있도록 안전한 공간을 제공하셨다.

최근 교회학교 현장에서 다음 세대를 양육하는 교사들과 대화를 나누다 보면, 줌(Zoom)과 같은 온라인 화상 대화 플랫폼에서는 질문을 해도 응답이 거의 없던 아이들이 게더타운과 같은 메타버스 플랫폼에서는 이전과는 다르게 말을 하기 시작하고 공동체 활동에 적극적으로 반응한다는 이야기를 종종 듣게 된다. 공간이 바뀌니 행동이 변하더라는 것이다.

보여 주는 콘텐츠를 넘어서 참여할 수 있는 공간을 제공하는 것이 메타버스 사역의 중요한 교육 방법이다. 적절한 피드백과 환대적인 상호 소통이 학습의 안전한 환경으로 경험되어 온 다음 세대에게 자신의 생각과 질문을 언제든 말할 수 있고, 친절히 소통할 수 있으며, 재미와 성취감과 소속감을 함께 느끼게 해 주는 메타버스적 환경은 매우 안전하고 친절한 학습 공간이 될 수 있다.

효율이 아닌 사명

"메타버스 사역에 드는 재정과 인력에 비해 효과는 너무 적지 않을까?" 메타버스 사역은 효율성으로 판단하지 말고 사명으로 접근해야 한다. 미전도 종족의 수준으로 바닥을 치기 시작한 이 시대의 다음 세대에게 복음을 전하는 것은 마치 선교사가 복음을 전하려 할 때 먼저 그 지역의 언어와 문화를 배우는 것과 같다. 이 일에 선교사가 많은 시간과 재정을 들이는 이유는 무언가 보장된 결과가 있어서가 아니라 하나님이 부여하신 사명 때문이다. 마찬가지로 메타버스가 자신들의 언어이자 문화가 된 다음 세대에게 복음을 전하고자 메타버스의 언어를 배우고 문화를 익히는 것은 마땅히 사명의 영역이 되어야 한다.

선교는 숫자의 문제가 아니라 생명의 문제이듯, 메타버스 사역을 통한 다음 세대 사역 역시 효율성이 아닌 사명감의 영역으로서, 순종하며 나아가는 부르심의 현장이 되어야 한다. 왜냐하면 메타버스 안에서 오늘도 삶을 살아가는 다음 세대에게 예수님의 생명을 전하기 위해서다. 복음을 들고 그 땅으로 들어가는 것은 더 이상 선택이 아니라 순종의 영역이다.

성경은 한 마리의 잃은 양을 찾기 위해 밤새 광야를 헤매는 목자가 바로 우리를 위해 오신 예수님의 모습이라고 말한다. 효율적인 면으로 보면, 우리 안에 있는 아흔아홉 마리의 양들을 지키는 것이 더 지혜롭다. 그러나 길을 잃은 한 마리 양을 위해 또 길을 나서는 비효율적인 목자의 등을 통해 아흔아홉 마리의 양들은 큰 안정감을 느꼈을 것이다. 자신도 혹시 길을 잃게 되면 언제든 나를 찾아올 목자를 지금 보고 있기 때문이다.

예수님의 성육신이 그러했고, 십자가 죽음이 그랬다. 인간의 경험으로는 가장 비효율적인 희생이었고 죽음이었지만, 그 희생과 죽음은 하나님이 주신 사명과 함께할 때 가장 위대한 승리이자 열매가 되었다.

메타버스 사역을 통해 얼마나 많은 결과가 있을지는 알 수 없다. 하지만 하나님이 주신 사명으로 이 걸음을 걸어간다면 그 걸음만큼 이미 충성의 열매, 인내의 열매, 사랑의 열매가 맺힌 것이다. 메타버스 사역은 결코 효율성의 영역이 아니라, 사명의 영역으로 시작되어야 하고 걸어 내야 한다.

물질주의가 아닌 물질성

"신앙 교육까지 메타버스를 활용하는 것은 너무 세상적인 접근이 아닐까?" 하나님은 세상을 창조하신 첫 사건부터 하나님이 역사하신 현장마다 하나님의 말씀과 함께 물질을 사용하셨다. 예수님의 성육신 사건 역시 인간의 몸을 입고 이 땅에 오신 거룩하신 하나님의 생명 사역이다. 예수님의 공생애 사역과 생명 사역 안에는 이 땅의 물질을 하나님 나라의 도구와 통로로 사용하신 사건들이 가득하다.

메타버스를 활용한 신앙 교육은 물질주의에 물든 세속화된 접근이 아닌, 세상 속에 침투하여 하나님 나라를 세워 가기 위한 성경적 교육 방법이 되어야 함을 분명히 해야 한다. 이는 구약학자 월터 브루그만(Walter Brueggemann)이 강조했던 '물질주의'(materialism)와 '물질성'(materiality)의 엄격한 구별에 대한 논의와도 같은 맥락으로 이해할 수 있다.[3] 성경적인 교육목회를 위하여 물질주의는 엄중히 피해야 하지만, 창조적인 하나님 나라의 확장을 위해서 물질성은 늘 합당하고 거룩하게 활용되어야 한다.

케빈 리 목사는 2021년 국민미션포럼을 통해 교회는 메타버스에 '만' 있어야 하는 것은 아니지만, 메타버스에 '도' 있어야 함을 강조했다. 그는 사람들이 모이는 모임의 정의를 시간과 정신이라고 볼 때, 온라인만큼 많은 사람이 모이는 큰 모임은 없을 것이라고 강조했다. 그러면서 기존의 일주일에 1시간 예배를 드리는 것만으로는 알 수 없던 다음 세대의 삶을 온라인과 메타버스 공간을 통해 이야기함으로써 보다 세밀히 이해하고 알아 갈 수 있음을 언급했다.[4] 필자가 맡고 있는 교회학교 아이들의 인스타그램, 페이스북, 유튜브, 온라인 게임 등과 같은 메타버스의 공간과 기록을 통해 그들이 한 주간 살았던 의미 있는 삶의 이야기, 자랑하고 싶은 삶의 경험, 좋아하는 음식과 연예인, 최근 관심이 생긴 삶의 가치 등을 언제든 볼 수 있고, 소통할 수 있다는 것이다.

메타버스는 다음 세대의 삶을 가까이서 이해하는 목양적 빅데이터를 제공하는 현장을 넘어, 메타버스의 공간 자체를 그들의 다양한 관심과 신앙적 수준과 삶의 이슈에 맞게 복음과 하나님 나라 이야기를 들을 수 있는 사건이 일어나는 곳으로 세워져 가야 한다. 그때 메타버스의 공간과 시간은 하나님 나라의 공유된 이야기, 공유된 사건, 공유된 예전, 공유된 비전이 멈추지 않고 확장되는 강력한 신앙 양육의 현장이 될 수 있다.

• 얼마나 버틸 것인가? vs 어떻게 응답할 것인가?

지금 많은 다음 세대가 급격히 변해 버린 뉴노멀의 상황에 자신들의 삶을 빠르게 적응하며 살아가고 있다. 그들은 메타버스의 세상을 통해서 학업, 교제, 놀이, 경제, 취미 활동 등을 하며 살아가고 있다. 하지만 그들의 교회 생활에 있어서만큼은 다르다. 온라인 사역과 제한된 현장 사역에 탄력적으로 적응하며 대안을 찾고 있기보다는 신앙의 침체나 교회학교와의 단절을 경험하는 경우가 많아졌다.

이러한 코로나19 팬데믹의 상황 속에서 미국 새들백교회 릭 워렌(Rick Warren) 목사는 함께 섬기는 스태프들에게 "지금 우리는 같은 폭풍 앞에 있지만, 다른 배를 타고 있습니다"라고 말했다.[1] 코로나19라는 거대한 폭풍을 어느 교회도 예외 없이 마주하고 있지만, 모두 다 침몰하는 배에 있지는 않다는 것이다. 같은 폭풍이지만 어떤 배는 침몰할 수 있고, 하나님의 인도하심을 신뢰하고 나아가는 배는 구원하는 배, 전진하는 배로 나아갈 수 있다. 그렇기에 우리는 이제 질문을 바꿔야 한다. 이 고난 앞에 "얼마나 버틸 것인가?"가 아니라 "어떻게 응답할 것인가?"다.

코로나19 팬데믹 초기에는 교회학교 현장에서 모이기 어려우니 온라인 사역으로 전환하면 다음 세대 신앙 전수 사건이 멈추지 않고 지속적으로 연결될 수 있지 않을까 기대했다. 하지만 현실은 그렇지 않은 경우가 너무도 많았다. 한마디로, 지금 다음 세대 신앙

슬기로운 메타버스 교회학교

전수 현장은 기존의 현장 사역을 온라인으로 전환만 하면 멈추었던 것들이 다시 살아나리라고 보장할 수 없다는 것이다. 결국 진짜 중요한 것은 다음 세대 예배와 양육이 대면이냐, 비대면이냐가 아니라, 어떤 접근이든 우리의 사역이 다음 세대에게 '하나님 대면'을 하도록 돕고 있는가다.

﹒하나님 대면의 공간이 될 수 있을까?

이 땅의 모든 것은 하나님의 창조 작품이며, 하나님은 그 모든 창조물을 통해 영광 받기를 원하신다. 모든 것을 만드셨고, 어디에나 편재하시는 하나님이시기에 메타버스의 공간 역시 하나님 대면의 공간이 될 수 있음은 너무나 분명하다. 다음 세대 양육의 핵심적인 현장인 예배, 성경 공부, 반 목회, 수련회, 제자 훈련, 선교, 봉사, 가정 연계 신앙 전수 등 여러 영역에서 메타버스는 강력한 신앙 공동체의 특징인 공동의 이야기, 공동의 사건, 공동의 의례, 공동의 비전을 멈추지 않고 지속적으로 공유할 수 있는 사건적 공간을 제공할 수 있다.

그러나 함께 고려해야 할 사안은 다음 세대 양육에 있어서 메타버스의 가능성이 확장되고 발견되는 만큼 모든 것을 메타버스로 대체할 수 없는 한계가 있음을 분명히 알아야 한다는 것이다. 왜냐하면 하나님은 가상 공간에서만의 하나님이 아니라 우리 삶의 현장과 공간에 침투하시며 역사하시는 하나님이시기 때문이다. 또한 주님의 몸 된 교회는 가상 공간만의 모임이 아닌, 모이기에 힘쓰고 서로 교제하며 떡을 떼며 함께 자라 가는 전인격적인 신앙 공동체이기 때문이다.

그렇다면 우리가 어떠한 기준을 가져야 메타버스를 활용한 다음 세대 양육 현장이 합당하게 실천될 수 있을지 함께 살펴보자.

• 1. 은혜와 응답이 살아 있는 예배를 세우라

메타버스 예배를 논할 때 다시금 확인해야 하는 것은 메타버스 예배는 현장 예배의 대체가 될 수 없으며, 현장 예배에 참여할 수 없거나 제한이 되는 아이들을 위한 확장형 플랫폼이 되어야 한다는 것이다. 모든 아이가 현장에 안전하게 모여서 예배드릴 수 있다면 가장 온전한 예배 환경이 되겠지만, 감염, 질병, 부모의 상황, 신앙적 수준 등으로 인하여 온라인으로만 예배 참여가 가능한 상황에서 메타버스는 매우 중요한 예배 현장이 될 수 있다.

슬기로운 메타버스 교회학교

'숫자와 반응'에서 '은혜와 응답'으로

현장 예배든 메타버스 예배든 예배의 본질은 하나님의 은혜에 대한 하나님 백성의 응답이다.[2] 그렇기에 좋은 다음 세대 예배는 하나님의 은혜가 잘 드러나며, 아이들이 하나님의 은혜 앞에 풍성히 응답할 수 있도록 돕고 있는가가 중요한 기준이 된다. 하지만 우리의 현실은 다음 세대 예배에 대한 핵심 질문이 '은혜와 응답'보다는 '어떻게 하면 많이 모이게 할까?'와 '어떻게 하면 아이들이 지루해하지 않게 할까?'에 주목되는 경우가 많았다. 설상가상 코로나19 팬데믹으로 이제는 예배 현장에 모여서 예배드리는 것이 제한되면서 그동안 주목했던 다음 세대 예배의 '모이는 숫자'와 '아이들의 반응'이 현저히 떨어지게 되었다.

유튜브 라이브를 통해 온라인 예배가 매주 송출되어도, 온라인 예배에 참여하는 아이들이 어떻게 응답하며 예배하고 있는지 알 수 없는 경우가 많다. 또한 줌과 같은 화상 채널을 통해 아이들과 소통하려고 해도 화면을 끄거나 음 소거를 설정한 아이들과는 정상적인 소통과 교제를 더욱 기대하기가 힘들다.

바로 지금이야말로 다음 세대 예배에 대한 정직하고도 용기 있는 갱신을 시도할 때다. 다시 우리의 관심을 '숫자와 반응'이 아니라 '은혜와 응답'으로 옮겨야 한다. 코로나19 이전에 모이던 숫자만큼 모이지 않는 현장에 낙심할 것이 아니라, 코로나19 상황 중에도 여전히 하나님이 당신의 자녀들에게 드러내고자 하시는 하나님의 은혜를 어떻게 그들이 경험하고 응답하게 도울까에 집중해야 한다.

그동안 교회학교 예배에 모인 숫자와 예배 참석률이 다음 세대 예배에 대한 중요한 평가였다면, 코로나19 팬데믹으로 인하여 숫자만이 아닌 예배의 본질과 연계된 다양한 평가 기준이 작동하기 시작한 것은 매우 의미 있는 변화라고 생각한다.

예배는 준비해야 드릴 수 있다

은혜와 응답의 첫걸음은 합당한 예배 준비다. 왜냐하면 바른 예배란 합당하게 준비해야 드릴 수 있는 사건임을 성경이 분명히 말하고 있기 때문이다. 성경적 첫 사건인 가인과 아벨의 예배에서 제물은 매우 중요한 요소였고, 노아가 방주에서 내려서 처음으로 드렸던 예배에서도 제물을 드렸음을 성경은 기록하고 있다. 또한 출애굽한 백성이 드렸던 광야에서의 예배와 관련된 말씀 역시 많은 부분이 어떻게 준비하고 나와야 하는지에 대한 내용이었다.

예배는 은혜 받으러 나가는 자리 이전에 은혜 받았기에 나온 자리이기에, 예배를 준비하는 과정에서 우리는 이미 하나님의 은혜를 합당히 기억하고 감사함으로 나와야 한다. 믿음의 부모나 교사 세대들에게는 하나님의 은혜를 기억하며 나오는 걸음이 마땅하고 당연하다. 하지만 아직 신앙이 자라고 있는 다음 세대에게는 합당한 도움과 안내가 없이는 예배자로서 하나님의 은혜를 기대하고 나오기가 쉽지 않다. 이러한 관점에서 메타버스로 드리는 주일 예배는 예배드리는 시간에 좋은 예배와 그렇지 않은 예배가 결정되는 것이 아니라, 주중에 예배를 준비하는 과정에서부터 세워져 가는 것이다.

그렇다면 이제 메타버스 예배의 대표적 현장인 온라인 예배를 살펴보자. 다음 세대는 부모와 교사 세대에 비하여 온라인 세상이 익숙하다. 그러나 유독 교회학교가 온라인 예배를 불편해하고 힘들어한다. 동기 부여가 부족하기 때문이다. 교회에서는 열심히 준비한 찬양과 말씀과 기도와 활동에 다음 세대가 참여할 수 있도록 온라인 주일 예배의 링크와 안내를 보낸다. 하지만 온라인을 통해서라도 주일 예배를 드려야 하는 이유에 대하여는 친절한 동기 부여가 적절히 제공되지 않는 경우가 많다.

온라인 예배를 모범적으로 드리는 많은 교회에서는 주일 예배를 위한 주중 기도 모임에 교역자와 교사는 물론이고 아이들과 부모들이 정기적으로 함께 참여하는 모습을 발견하게 된다. 예를 들면, 토요일 오전에 줌을 열어 다음 날 있을 주일 예배를 위해 교역자, 교사, 부모, 아이들이 함께 모여 서로 인사하고, 격려하고, 은혜의 주제를 나누고 기도하는 모임을 갖는다. 이때 아이들은 다음 날 드리게 될 주일 예배에 대한 강력한 동기 부여를 받게 된다.

미국 노스캐롤라이나에 위치한 엘리베이션교회는 주일 교회학교 예배가 시작되기 30분 전부터 예배를 드리는 온라인 공간에서 모든 아이가 함께 만나 인사를 나누고, 게임을 하고, 한 주간에 있었던 간증을 나누는 시간을 보내기도 한다. 이 자리에서 아이들은 자신이 신앙 공동체에 속해 있다는 강력한 소속감을 느끼며, 예배에 대해 기대하고 마음을 열게 된다.

충신교회는 다양한 디지털 플랫폼을 활용해 대강절로부터 시작하여 성탄절, 사순절, 고난주간, 부활절과 기쁨의 50일, 성령 강림, 평상 절기와 감사절 등과 같은 교회력을 지나는 동안 현재의 교회력이 어떠한 성경적이고 목회적인 의미를 갖는지 알 수 있도록 각 가정에서 부모와 자녀가 함께 소통하도록 돕고 있다. 아이들은 교회력을 주중에 기억하면서 예수님의 오심과 사역, 죽으심과 부활, 성령 강림과 신앙의 성장 절기를 따라 자신의 삶을 부모와 함께 돌아본다. 그러는 동안 아이들에게 매주 드리는 예배는 반복된 주일 예배가 아닌 각 주마다 새롭고 특별한 은혜가 준비된 예배가 된다.

친절한 피드백과 하나님 발견이 핵심이다

교회학교는 아이들이 주일 예배 시간에 보다 적극적인 예배자가 될 수 있도록 도와야 한다. 왜냐하면 "좋은 예배자는 조용 앉아서 떠들지 않는 아이들이 아니라, 하나님의 은혜 앞에 적극적이고, 의식적이고, 참여적으로 응답하는 아이들이기 때문이다."[3]

이를 위해서는 아이들이 매주 예배와 하나님에 대한 거룩한 호기심을 가질 수 있어야 하며, 함께 참여하는 공동체로부터 친절한 환대를 받아야 하고, 연령과 신앙 수준에 맞는 하나님 나라 이야기가 선포되어야 하고, 나아가 자신의 삶에 적용하는 구체적인 실천과 결단이 예배 시간 안에 자연스럽고 안전하게 제공되어야 한다.

하지만 현장에서 목도되는 현실은 오늘 드린 주일 예배에 대한 친절한 피드백과 소통보다는 출석 확인과 예배 태도에 대한 평가가 우선시되는 경우가 많다. 현재 다음 세대의 주된 구성원인 Z세대와 알파세대 아이들은 스마트폰과 AI를 통해 태어나면서부터 자신의 질문이나 행동에 즉각 답해 주고 반응해 주는 학습과 삶을 경험해 온 세대다. 한마디로, 친절한 피드백으로 소통하며 성장해 온 세대다.

이 세대가 참여하는 온라인 게임만 보아도 강력하고 즉각적인 피드백이 지속적으로 제공되고 있다. 그들은 자신의 노력에 따라 게임의 레벨이 올라가고, 새로운 아이템이 주어지고, 동료들의 격려와 지원이 함께 공급되는 곳에서 성취감과 공동체성을 느낀다. 성취감이 중요한 학습과 성장의 요소가 되는 학령기인 다음 세대에게 피드백은 큰 역할로 작동한다.

반면, 온라인 예배에 참여한 아이들을 향한 피드백은 그만큼 친절하지도, 즉각적이지도 않다. 오늘 찬양은 어떠했는지, 기도 시간은 어떠했는지, 말씀은 어렵지 않았는지, 결단의 시간에는 어떤 생각을 했는지 질문하고, 격려하고, 응원하는 피드백이 없다. 오히려 그보다는 오늘 예배는 제시간에 들어왔는지, 헌금은 했는지 등을 확인하는 평가가 주된 의사소통의 내용이기 쉽다. 그럴 때 아이들은 온라인 예배가 불편한 공간과 시간이 될 가능성이 높다.

주일 예배 시간에 듣는 설교 또한 하나님의 은혜를 경험하고 응답하게 하는 핵심적인 요소가 된다. 오늘 예배 시간에 선포된 설교가 수천 년 전 이스라엘 민족에게 있던 사건만을 화면을 통해서 시청하는 역사 시간으로 오해될 때, 아이들은 이 시간을 자신이 아는 성경 이야기를 다시 듣는 지루한 시간으로 오해할 수 있다.

그러나 설교는 이스라엘 역사 이야기를 듣는 시간이 아니다. 그 이야기에 나타난 하나님의 성품과 언약을 경청하고, 발견하여, 그로 인해 감사하고 응답하는 사건이 일어나는 신앙 형성적 사건 현장이 바로 설교다. 설교는 성경 역사와 지식에 대한 내용을 전수받는 시간이 아니라, 성경에 나타난 하나님을 현재형으로 대면하고 응답하는 거룩한 영적 사건의 시간이다.

교회학교는 이 점을 현장 예배든, 메타버스 예배든 예배에 참여하는 모든 아이에게 교육해야 한다. 이러한 예배와 설교에 관한 바른 교육(education of worship)이 전제될 때, 예배와 설교를 통한 합당한 교육적 사건(educational event through worship)이 일어날 수 있다. 예배에 관한 성경적이고 예전적인 교육이 실천되는 전제 위에, 메타버스 예배는 비로소 건강한 예배적 공간과 사건을 경험하는 곳이 될 수 있다.

단순히 현장 예배를 온라인 예배로 송출 방식만 바꾸는 현장에서는 앞에서 언급한 예배에 참여한 아이들의 거룩한 호기심과 친절한 환대적 공동체 및 친절한 피드백을 제공하기가 쉽지 않다. 그러나 메타버스 예배가 초시공간을 통해 예배에 참여하는 회중에게 공동체적 실재감과 친절한 피드백, 생생한 성경 이야기의 구현과 환대적 나눔 공간을 제공할 수 있다면, 단순히 현장 예배를 온라인 예배로 송출 방식만 바꾸는 한계를 뛰어넘을 수 있다.

메타버스가 가지는 대표적인 특징인 초공간적 실재감과 거룩한 상상력은 단지 예배에 참여하는 아이들이 자신의 방이나 거실에서 스크린을 통해 보이는 찬양과 기도와 말씀을 시청하는 것을 뛰어넘는다. 이는 자신의 일상적인 공간을 벗어나 메타버스 속의 잘 준비된 예배 공간 안에 걸어 들어가 함께 나온 친구들과 함께 찬양할 수 있게 한다.

적지 않은 아이들이 온라인 예배를 드릴 때 여러 개의 스크린을 띄워 놓고 다른 영상을 함께 보거나 혹은 누워서 예배에 참여한다. 이와 달리 메타버스를 통한 예배 참여의 경우 자신의 디지털 트윈(digital twin)이 예배 공간 안에서 앉고, 일어서고, 이동하고, 참여함으로 기도하고 결단하는 활동에 응답하는 일이 더욱 자연스러워지고, 예배에 몰입할 수 있는 환경이 제공될 수 있다.

또한 메타버스 예배에서는 예배로의 부르심부터 신앙 고백, 죄의 고백과 사죄 선언, 찬양과 기도, 말씀 봉독과 찬양대 찬양과 설교,

설교 후 묵상, 기도와 찬양, 권면과 파송의 시간 안에 아이들이 직접 응답하고 참여할 수 있는 개인적, 공동체적 응답 활동을 디자인하여 넣을 수 있다.

예를 들면, 사죄의 기도 시간에 아이들이 직접 가정과 학교, 사회와 민족이 하나님 앞에 지은 죄를 고백하도록 참여를 유도할 수 있다. 또한 설교 후 묵상 시간에 오늘 말씀을 통해 발견한 하나님의 성품을 공동 활동으로 기록하고, 이에 대한 각자의 결단과 감사의 고백을 나눌 수 있다. 이 경우 아이들은 예배 현장에 모이지는 못하지만, 단지 온라인 예배의 수동적 시청자를 넘어 시간과 공간을 뛰어넘은 메타버스 안에서 보다 적극적이고 참여적인 예배자로 예배할 수 있게 되는 것이다.

이 예배가 과연 최선의 응답인가?

메타버스 예배에서 중요한 것은 예배자의 진정성이다. 다른 말로 표현하면, "지금 메타버스로 드리는 예배가 아이들이 드릴 수 있는 최선의 예배인가?"라는 질문이다. 만일 교회학교 아이들에게 있어서 메타버스 예배가 현장 예배를 드릴 수 없는 상황에서 자신이 하나님 앞에 드릴 수 있는 최선의 응답으로 드려지는 것이 아니라, 나의 편리함을 따라 선택한 예배로 인식된다면 어떨까? 메타버스 예배는 여러 긍정적인 요소를 가진 예배 플랫폼임에도 다음 세대에게 매우 위험한 예배 현장이 될 수 있음을 기억해야 한다.

예배는 가장 큰 은혜를 받은 하나님의 백성이 하나님이 또 불러 주시는 은혜의 자리에 최선을 다해 응답하며 나아가는 자리다. 따라서 내가 선택할 수 있는 것이 아니라, 최선을 다해 응답하는 자리가 되어야 한다. 그래서 예배는 우리의 신앙을 건강하게 형성하기도 하지만, 만일 우리가 잘못된 예배를 반복할 때 도리어 신앙이 파괴되기도 한다는 점을 많은 예배학자가 이미 여러 차례 경고해 왔다.[4] 한마디로, 메타버스 예배를 준비하며 우리가 가져야 할 우선적 질문은 "이 예배가 과연 최선의 응답인가?"가 되어야 한다.

코로나19 팬데믹으로 온라인 예배가 다음 세대 예배에 적용되면서 우리는 이미 온라인 예배의 장단점을 경험했다. 장점으로는 시간과 공간을 초월해 하나님을 언제든, 어디서든 예배할 수 있으며, 가정에서 온 세대가 함께 예배를 드릴 수 있게 되었다는 것이다. 설교 현장이 본당만이 아니라 주제에 따라서 서재, 카페, 공원 등이 활용될 수도 있다. 또한 드라마, 대담 영상, 댓글 창 활용 등과 같이 다양하고 창의적인 회중 참여를 위한 예배 요소들이 보다 적극적으로 시도될 수도 있다. 반면, 단점으로는 소비자 중심적 예배, 전인적 예배의 제한, 간소화된 예전 경험, 설교 유목민의 등장, 교회 규모에 따른 예배 제공의 양극화 등이 있다.

사도 바울의 고백처럼 메타버스 예배 역시 모든 것이 가하나 모든 것이 덕을 세우지는 못함을 기억해야 한다(고전 10:23). 메타버스를 활용한 온라인 성찬과 온라인 세례와 같은 성례에 관한 입장 역시 교회가 속해 있는 교단적 해석, 예전적 실천, 지역 교회가 가지고 있는 목회적 특수성에 따라 다양한 견해와 실천들이 논의되고 실행되고 있기에, 하나의 모델만을 제시하기는 어렵다.

이와 같은 목회적 다양성 안에서 우리가 더욱 선명히 붙들어야 할 기준은 무엇인가? 예배의 본질인 은혜와 응답이며, 예배자의 우선적 부르심인, "지금 드리는 이 예배가 하나님께 가장 영광을 돌리는 최선의 예배인가?"를 분명히 하는 것이다. 예배는 결코 우리의 편리에 따라 선택할 수 있는 현장이 아니라, 하나님의 은혜에 대한 거룩한 순종과 응답의 현장이 되어야 한다.

2. 감탄이 아닌 감동을 주라

최근에 실시한 코로나19 전후 다음 세대 교회교육 현장에 대한 설문 조사에 따르면, 코로나19 상황에서 가장 힘든 것이 무엇인지에 대한 물음에 가장 많은 응답은 "비대면 가정 심방 및 다음 세대 연락 책임에 대한 가중"이었다.[5]

코로나19 팬데믹 1년 차만 해도 교회학교 교역자를 통해서 들었던 큰 부담은 이전에 시도해 보지 않았던 예배나 양육에 대한 "영상 제작과 송출에 쏟는 과도한 시간과 에너지 증가"였다. 그러나 시간이 지날수록 이러한 기술적인 부분은 조금씩 보완되고 있는 반면, 목회적 관계와 소통은 더욱 현실적으로 크게 다가오는 어려움이 되고 있다. 한마디로, 아이들과의 관계성이 약해지고 있다는 것이다. 교회학교 교역자와 교사들의 수고로 이전에 제공되지 않던 온라인 예배와 온라인 양육을 보완하여 제공해 왔지만, 현실은 온라인 사역의 수고가 무색하게 아이들과 교사들 간의 신앙적인 양육과 친밀한 관계가 점차 약화되고 있는 것이다.

코로나19 팬데믹으로 단절감과 외로움, 우울함과 고립이 친구들을 만나서 마음껏 뛰어놀고, 학습하고, 탐구하며 자라나야 할 다음 세대에게는 부모 세대 못지않게 크고 깊게 자리 잡고 있다. 그렇기에 이때야말로 더욱 아이들에게는 설교자를 넘어 목자가 필요하며, 과제와 의무를 확인하는 점검자를 넘어 위로와 공감을 나누어 주는 동행자가 필요하다.

비대면 시대가 되면서 이 시대에는 오히려 온택트(ontact), 휴먼 터치(human touch)가 더욱 중요함을 재발견하게 되었다. 하나님이 만드신 인간 자체가 함께 더불어 사랑하며 교제하는 존재로 창조되었기 때문이다. 인격적인 관계가 제한받을수록 우리는 더욱 의미 있고 안전한 공동체와 공간을 추구하게 된다.

한마디로, 감탄을 넘어선 감동이 요청되는 시대다. 예수님이 보여 주셨던 사역처럼, 감탄을 주는 기적을 넘어 감동을 주는 십자가의 죽음과 부활의 능력이 더욱 간절한 때다. 지금 교회학교 반 목회는 다음 세대에게 그러한 감동의 사건과 공간을 제공하고 있는가?

플랫폼은 교사의 애통하는 마음뿐이다

성경은 예수님이 이스라엘 백성이 목자 없는 양 같음을 보시고 불쌍히 여기사 그들에게 여러 가지 방법으로 하나님 나라를 가르쳐 주셨다고 기록하고 있다(막 6:34). 예수님 안에 있는 백성들을 향한 애통함이 예수님으로 하여금 당시 그레코로만 시대에 사용되던 교육 방법에 제한받지 않고 다양한 교육 방법을 사용하시게 했다.

오늘날 우리에게 맡겨진 다음 세대야말로 세상의 문화와 가치에 끌려가며 마치 목자 없는 양같이 갈 바를 알지 못하고 방황하는 세대다. 이 사실을 고려할 때 우리는 먼저 예수님의 애통하는 마음과 눈물을 회복해야 한다. 그 애통하는 마음과 눈물로 인하여 그들과의 관계를 보다 강력히 세워 나갈 여러 가지 방법을 시도해야 한다.

메타버스 플랫폼을 반 목회와 성경 공부의 통로로 사용하는 것은 비대면 사회에서 아이들과 초시공간적으로 연결되고 교제할 수 있는 효과적인 방법이다. 그러나 이보다 더욱 본질적인 것은 예수님의 마음을 품은 애통하는 교사의 마음이 최우선적인 플랫폼이 되어야 한다는 것이다.

케빈 리 목사는 우리가 다음 세대에게 전해 주어야 할 것은 온라인을 통해서 관계 맺는 '방법'이 아니라 관계의 '의미'임을 강조한다.[6] 교회가 다음 세대에게 이번 주에도 교회학교 반으로 모여야 하는 이유가 무엇인지를 명확히 전달하지 않으면, 그들에게 그곳은 반드시 가야 할 곳이 아닌 안 가도 되는 곳이 될 수 있다.

예수님이 제자들을 모으시고 목양하실 때 그러하셨듯, 우리 역시 반 목회를 할 때 우리 공동체의 정체성과 목적을 분명히 알려 주어야 한다. 이는 교사가 아이들에게 전해 주어야 할 내용 이전에 교사 자신이 먼저 확인해야 하는 우선적 필수 점검 사항이다. 지금 내가 섬기는 반 목회의 대상인 아이들이 누구이며, 이 모임은 어떠한 목적을 가져야 하는지를 분명히 해야 한다.

예수님의 자녀들이 목자 없는 양 같음을 보고 불쌍히 여기신 하나님 아버지의 마음이 우리 안에 부어질 때, 하나님이 내게 맡기신 아이들은 결코 관리할 대상이 아닌 사랑할 대상이 된다. 또한 그 아이들은 상황이 되는 대로 관계 맺을 아이들이 아니라, 상황을 만들어서라도 예수님의 언약과 말씀을 먹여야 할 하나님의 자녀들임을 확인하게 된다. 그러면 현장에서 모이는 것이 제한된 아이들은 언젠가 만날 아이들이 아니라, 메타버스를 통해서라도 어떻게든 만나야 하는 아이들이 된다.

이때 메타버스를 통해서라도 아이들과 반 모임을 하고 성경 공부를 하려는 우리의 걸음은 마침내 하나님이 부르시고 하나님이 역사하시는 거룩한 도구가 된다. 이러한 마음이 전제될 때, 랜선을 통하여 아이들과 소통하고, 약속된 시간에 학교 앞이나 학원 앞으로 찾아가는 햄버거 심방 등은 결코 간식을 전해 주는 시간이 아니라, 예수님의 사랑을 전해 주는 현장이 된다.

5:1 모델에 더욱 효과적인 메타버스 반 목회

풀러 신학교의 카라 파웰(Kara Powell) 교수는 다음 세대 양육의 패러다임을 교사 한 명이 다음 세대 5명을 양육하는 1:5 모델에서, 믿음의 영적 리더 5명이 다음 세대 한 명을 함께 양육하는 5:1 모델로 전환할 것을 제안한다.[7] 사실 성경은 한 명의 다음 세대에 대하여 적어도 믿음의 조부모 세대, 부모 세대, 교회를 통해 세워진 영적 부모인 교사 세대까지 모두가 신앙 전수의 사명자라고 말하고 있다(신 6:6-7; 시 78:4; 딤전 1:2; 딤후 1:5; 딛 1:4). 믿음의 다음 세대를 세운다는 것은 한 명의 교회학교 교사만이 아니라 하나님이 가정과 교회를 통해 세우신 영적인 리더 그룹이 다 함께 그를 양육해야 한다는 뜻이다.

언제든, 누구나, 무엇이든 함께 나누고 소통할 수 있는 메타버스 반 목회는 1:5 모델보다 5:1 모델일 때 더욱 효과적인 반 목회 플랫폼이 될 수 있다. 왜냐하면 가상 공간, 온라인 공유 플랫폼, SNS, 네이버 밴드 등을 활용하는 메타버스 반 목회의 소통과 공유의 공간은 단지 교사만 아이들을 돌보고 양육하는 구조가 아니기 때문이다. 메타버스 플랫폼은 아이들을 위해 함께 기도하고 응원하는 교사와 부모와 조부모는 물론이고, 아이들 서로가 함께 24시간 언제든 참여하고 격려하고 응원할 수 있는 안전한 공간이다.

여기에서 사용되는 메타버스 플랫폼에서 아이들과 부모들의 기록과 활동은 그들 한 명, 한 명을 보다 세밀히 이해할 수 있는 목회 기록이 될 수 있다. 따라서 이를 활용한다면 반 목회는 더욱 개인화된 맞춤형 양육과 상담과 지도를 제공할 수 있다. 만일 아이들 한 명, 한 명의 개인 신앙 여정, 가족 신앙 배경, 비전과 기도 제목 등에 대한 신앙 프로필을 교역자, 교사, 부모, 아이들이 함께 온라인 포트폴리오에 업데이트해 나갈 수 있다면, 우리의 반 목회는 보다 효과적이고 친절한 5:1 모델의 목양을 제공하게 될 것이다.

그렇기에 메타버스 반 목회가 이 장점을 잘 살리기 위해 교사는 반 목회의 주도권을 여기에 참여하는 다양한 그룹들과 함께 공유해야 한다. 인도자가 아닌 촉진자, 지시자가 아닌 격려자, 안내자가 아닌 동행자가 되어야 한다. 특히 메타버스 반 목회에서 아이들의 자발성은 무엇보다 중요한 핵심 요소다. 왜냐하면 메타버스 공간은 아무리 교사가 주도적으로 알리고 좋은 콘텐츠로 인도해도 참여하는 아이들이 반응하지 않으면 곧 닫힌 공간이 되기 때문이다. 그렇기에 메타버스 반 목회의 주도권이 교사 그룹이 아니라 아이들에게 있을 때 비로소 효율적인 작동이 시작된다.

적지 않은 교회에서 온라인 예배는 지속적으로 제공하지만 온라인 소그룹이나 가상 공간 반 모임이 무너진 대표적인 이유가 바로 여기에 있다. 물론 메타버스 반 목회 플랫폼은 아이들과 참여 그룹들이 함께하기에 친절하고 환대적으로 만드는 기술이 부족한 것이 사실이다. 하지만 보다 본질적인 문제는 메타버스 반 목회가 갖는 태생적인 소통 방식과 맞지 않는 반 목회 운영에 있었던 것이다.

메타버스 반 목회의 소통 방식은 교사 그룹과 아이들 모두가 함께 자발성을 가지고 주도권을 공유하며, 다 같이 목적에 맞는 나눔과 활동을 풍성하게 만들어 가는 것이 매우 중요하다. 이를 위해서 교사는 일방적으로 인도하고 가르치기보다는 아이들을 모이게 한 목적을 확인해 주고, 그들 안에 공유된 이야기를 함께 해석하며, 각자 다양한 삶의 이야기를 주목하되, 반을 통하여 하나님이 주신 사명과 비전을 함께 바라보고 참여할 수 있도록 도와야 한다.

따로 또 같이, 투 트랙 반 목회를 병행하라

메타버스 반 목회는 온라인 사역만으로는 온전한 반 목회를 결코 완성할 수 없다. 다양한 이유로 현장에서 만날 수 없는 상황이 이어질 수 있기에 메타버스를 활용한 반 목회는 멈추지 않고 진행되어야 한다. 하지만 현장에서 만날 수 있는 상황이라면, 반 목회는 얼굴과 얼굴을 맞닿은 대면 신앙 공동체를 통하여 채워지는 교제와 양육을 실천하는 것이 너무나 중요하다.

만일 교회학교 전체가 온라인 사역으로 전환해 예배와 양육 모두

슬기로운 메타버스 교회학교

가 비대면으로 진행되는 경우에는 방역 수칙이 허락하는 범위 내에
서 이루어지는 소그룹 방문 심방 외에는 대면이 어려울 것이다. 하
지만 온라인 사역과 현장 사역이 병행되는 경우에는 온라인 예배와
양육에 참여하는 아이들과 현장 예배와 양육에 참여하는 아이들에
대한 구별된 반 목회가 '따로 또 같이'(separately and together) 진행되어
야 한다. 왜냐하면 온라인 예배에 참여하는 아이들과 현장 예배에
참여하는 아이들의 주일 준비에 대한 안내가 너무나 다르기 때문이
다. 또한 온라인 성경 공부에 참여하는 아이들과 현장 성경 공부에
참여하는 아이들에 대한 부모 및 아이들의 주중 목양 내용이 매우
다르기 때문이다.

'따로'의 입장에서 보면, 메타버스 반 목회를 통해 목양하는 아이
들을 향한 주중 반 목회 매뉴얼과 현장 예배에 나오는 아이들을 향
한 주중 반 목회 매뉴얼은 각각 준비되어야 한다. '또 같이'의 관점
에서 보면, 온라인 예배든 현장 예배든 이번 주일 교회학교 예배와
성경 공부를 통해서 공급되는 말씀과 사건, 고백과 비전에 대하여
는 함께 공유되도록 도와야 한다.

교회학교는 온라인 예배와 대면 예배로 함께 예배를 드린 아이들
의 예배 모습, 고백의 나눔, 삶의 결단 등을 부서 내 공유하는 소식
지, 동영상, 사진 등 여러 가지 미디어와 플랫폼을 통하여 온 부서
아이들과 교사, 부모 및 전체 교회 공동체와 나눌 수 있다. 이러한
과정을 통해 교회 공동체는 온라인이건 오프라인이건 같은 신앙 공

동체 안에서 함께 예배하고 있음을 확인할 수 있다. 또한 이번 주에도 같은 부르심과 언약 안에서 하나님이 주신 공동 이야기, 공동 사건, 공동 의례, 공동 비전이 지속해서 공유되고 강화되도록 도울 수 있다.

'따로 또 같이' 사역은 메타버스 사역이 '온라인에서 오프라인으로'라는 우선적인 목회 방향성 위에, 다양한 다음 세대 목양의 상황에 맞추어 온라인 사역과 오프라인 사역이 탄력성 있게 응답하면서도 균형을 지켜 내는 전략이 될 수 있다.

서로가 함께 가르친다

메타버스 성경 공부는 교사가 학생들을 가르쳤던 단방향적 교육 방식이 아닌 다원적 성경 공부에 보다 적합한 교육 플랫폼이다. 제한된 시간과 공간 안에서 교사가 중심이 되어 가르치는 전통적인 성경 공부와 달리 메타버스 성경 공부는 초시간성, 초공간성, 초연결성, 초지능성을 적극 활용한다. 성경 공부에 참여하는 학생들이 언제든 성경 공부의 내용을 탐구할 수 있고, 이미 배운 성경 공부 내용에 대하여 자신의 생각이나 질문을 나눌 수 있으며, 성경 공부와 연계된 삶의 변화와 사건들을 공유할 수 있다.

이러한 메타버스 성경 공부에서는 교사가 학생을 가르치는 것만이 아니라 학생이 학생을, 학생 그룹이 학생을, 때로는 학생이 교사를 서로 가르치며 함께 성장하는, 보다 역동적이고 보다 공동체적인 배움이 가능하다.

만일 성경 공부가 단지 성경 지식만을 전하는 것이라면 좋은 자료를 잘 전달해 주는 시공간을 초월한 강의형 온라인 성경 공부로도 만족할 수 있겠다. 하지만 성경 공부는 결코 이스라엘 역사 이야기를 듣는 시간이나 기독교 교리를 확인받는 시간으로 마칠 수 없다. 성경 공부는 하나님의 말씀과 아이들의 다양한 삶의 이야기가 만나 하나님이 그들에게 현재적으로 주시는 은혜의 말씀을 통해 그들이 삶의 결단과 실천까지 나아가게 하는 전인적인 여정이다.

현재 많은 교회에서 주일 성경 공부에 할애되는 시간이 불과 30분도 안 되는 경우가 많다. 하지만 현실적으로 이 시간은 아이들과 한 주간의 삶을 나누고, 목회적으로 환대하며, 성경 말씀을 나누고, 각자에게 주신 고백을 확인하고, 교제하고 격려하여 다시 세상으로 파송하기에는 물리적으로 부족하다. 그러나 초시공간성을 갖는 메타버스 플랫폼에서 이루어지는 성경 공부는 이를 극복하여 보다 학생 주도적이고 삶이 반영된 성경 공부를 할 수 있는 기회를 아이들에게 제공한다.

아이들의 연령에 따라 적용되는 유형이 다르겠지만, 적어도 아이들이 초등학생 이상인 경우 메타버스 성경 공부는 성경 말씀을 듣고 자신의 생각을 나누는 것을 넘어설 수 있다. 예를 들어, 함께 참여하는 친구들과 성경 이야기를 자신의 삶에 적용하여 실천까지 같이 해 보는 프로젝트형(project model), 주제에 대한 상호 토론형(conversation model), 성경 이야기의 문화적, 고고학적, 사회적 배경을 연구하여 발표하는 리서치형(research model), 성경 이야기의 현장을 가상 현실 플랫폼을 활용해 구현해 보는 가상 공간 구축형(virtual space constructive model), 신앙에 관한 질문을 온라인 공유 플랫폼에 언제든 올려서 정해진 시간에 함께 참여하는 랜선 신앙 인터뷰형(online interview model) 등이 가능할 수 있다.

이 여정을 통하여 아이들은 단지 조용히 앉아서 교사의 이야기를 듣기만 하는 것이 아니라, 스스로 성경 이야기를 끌어안고 탐구하고, 토론하고, 상상하며, 삶에 적용하는 성경 탐구자이자 신앙 실천가가 될 수 있다.

• 3. 지나친 소통과 복음의 핵심을 담으라

"다음 세대 사역에 있어서 수련회는 1년 사역의 절반이다"라고 말하는 다음 세대 사역자들이 있을 정도로, 수련회는 매우 중요한 신앙 사건이 일어나는 현장이다. 코로나19 팬데믹과 비대면 목회 환경 안에서 많은 교회학교는 여름 수련회와 겨울 캠프를 비대면으로 전환하여 실시했다. 그러면서 현장 수련회와 현장 제자 훈련을 온라인으로 전환한 것은 같은 상황인데, 교회별로 그 결과가 너무나 큰 차이가 있음을 발견하게 되었다.

어떤 교회들은 온라인 수련회에 대한 아이들의 참여나 반응이 저조했지만, 어떤 교회들은 현장 수련회보다 더 많은 아이가 참여하고 더 많은 회심과 신앙적 사건이 일어났다고 보고했다. 그 갈림길에서 공통적으로 발견되는 핵심 요소가 있었는데, 그것은 바로 지나친 소통과 복음의 핵심 전달이었다.

지나치게 소통해야 한다

메타버스 수련회는 아이들과 교사들이 수련회 장소에 모이지 않고 온라인 플랫폼을 활용해 초시공간적으로 모이고 예배하며 성경 공부를 하고 활동하며 신앙적인 배움과 성장을 경험하는 수련회다. 일상의 삶을 멈추고 이틀이나 사흘간 수련회에 참여하게 하기 위해서는 아이들이 수련회를 사모하는 마음을 가질 수 있도록 인도하는 여정이 요청된다.

수련회에 한 명의 아이도 예외 없이 모두 참여하게 하기 위해서는 교역자와 교사들의 아이들과의 지나친 소통이 요청된다. 여기서 '지나치다'라는 말은 기존의 현장 수련회를 할 때 하던 만큼 하는 것을 넘어서야 한다는 의미다. 왜냐하면 현장에서 모일 수 없는 목회 상황에서 아이들과 교사, 아이들과 교역자, 아이들과 아이들 간의 관계는 이전에 현장 수련회를 준비할 때보다 친밀감과 역동성이 현저히 떨어진 상태일 가능성이 높기 때문이다.

그렇기에 메타버스로 수련회를 한다는 말은 기존 현장에 모이던 상황만큼 홍보하고 권면하는 것만으로는 부족하다는 의미이기도 하다. 도리어 이전에는 하지 않던 영역까지 보다 세밀하고 친절하게 다가가서 아이들과 소통하고 권면해야 한다. 메타버스 플랫폼의 특징상 아이들의 자발성과 거룩한 호기심은 수련회 초대에서만 아니라 수련회 진행 과정에서도 아이들 안에 일어나는 영적 사건의 경험과 해석과 응답의 결정적인 요소가 될 수 있기 때문이다.

메타버스 플랫폼은 아이들의 상황과 영적 수준에 따라서 초공간적, 초시간적, 초개인적으로 효율적인 소통이 가능하다. 이 점을 고려할 때 수련회 초대와 홍보에 교역자와 교사만이 아니라 아이들과 부모들, 친구들과 담임목사까지도 총동원하면 좋다. 수련회 친구 초대를 위한 미션 챌린지와 영상 편지 제작, 수련회를 준비하는 교사와 부모의 브이로그 기록, 가상 공간에서 버킷 리스트 나누기 등 다양한 버전으로 참여할 수 있다.

아이들이 주체가 되는 수련회를 디자인해야 한다

기존의 수련회는 교역자와 교사가 보다 주도권을 가지고 준비하고, 아이들은 초대받고 참여하는 형태 위주였다. 반면, 메타버스 수련회는 교역자와 교사들만이 아니라 참여하는 아이들과 부모가 주

체가 되어 수련회의 기획부터 홍보, 진행, 인도, 활동, 평가까지 참
여하도록 하는 것이 핵심 포인트다.

어느 교회학교 그룹이건 모든 아이가 수련회의 주체자로 참여하
기는 어렵다. 하지만 수련회를 준비하는 과정에서 교사만이 아닌
아이들을 메타버스 수련회의 핵심 리더이자 진행자로 초대하는 것
은 매우 중요하다. 왜냐하면 재미와 몰입, 직관과 협업, 경험과 성취
감이 중요한 동기 부여가 되는 다음 세대에게 있어서 메타버스 플
랫폼이 제공하는 수평적 리더십과 협업을 통한 공동체성과 소속감
의 강화는 서로 강력한 시너지 효과를 보이기 때문이다. 게다가 아
이들은 자신과 같은 문화와 상황에 있는 친구들에게 어떤 요소들이
제시될 때 메타버스 수련회에 보다 많이 참여하고 몰입하고 응답하
게 할 수 있는지를 교사보다 훨씬 더 잘 안다.

이러한 과정을 통해서 메타버스 수련회는 수련회를 준비하는 과
정부터 매우 구체적으로 아이들에게 영적인 도전과 참여를 독려할
수 있다. 교사만 아니라 부모와 아이들 그룹을 대상으로, 수련회를
향한 하나님의 마음과 비전을 다양한 메타버스 플랫폼을 활용하여
제시할 수 있다. 예를 들어, 릴레이 기도문 적기, 주제 본문 필사하
기, 가정별 기도문 올리기, 하나님과 나만의 기도 노트 작성하기 등
의 영적 활동을 수련회 준비 기간부터 시작할 수 있다. 이 활동들을
할 수 있는 친절한 공간을 다양한 메타버스 플랫폼을 통해 제공해
야 한다.

메타버스에서 이미 건물과 게임을 만들어 본 경험이 있는 아이들과 교사들이 함께 모여서 수련회에서 주목할 성경 장소와 성경 인물을 메타버스 공간으로 구현할 수 있다. 또한 성경 공부 공간을 우리 교회학교만의 메타버스로 만들 수도 있으며, 아이들과 공동체 활동을 할 메타버스 게임과 활동 방을 만들 수도 있다.

단지 준비 과정만 아이들과 함께하는 것이 아니다. 이 과정을 통해 하나님이 주고자 하시는 하나님의 마음과 주제를 아이들이 먼저 품어 보고 고민하고 기도하고 분별하고 창의적으로 생각하고 실천하는 등 신앙 성장의 여정을 먼저 경험하는 은혜의 시간이 될 수 있다.

복음의 핵심을 매력적으로 전할 준비가 되었는가

30여 년 전 기독교 교육학자 사라 리틀(Sara Little)은 당시 변화하는 시대 속에 교회교육이 가지고 있는 현실적인 심각한 이슈 중 하나가 그리스도인들의 마음 안에 있는 진리 안에서 확실성을 잃어버린 것과 같은 "정신적 고향 상실성"(homelessness of mind)이라고 지적했다.[8] 리틀은 "오늘날 교회에서는 기독교에서 말하고 있는 중요한 핵심 진리를 회중이 잘 알아듣고 이해하고 삶에 담아낼 수 있도록 합당하게 교육하고 있는가?"라는 질문을 던진 것이다. 이 질문은 이 시대 한국 교회의 다음 세대에게 복음을 전하는 우리에게 동일하게,

아니 더욱 진지하게 던져진다.

듀크 대학교의 기독교 교육학자 프레드 에디(Fred P. Edie)는 오늘날 교회에 속한 청소년들에게 "성경적 문맹"(biblical illiteracy)이 발견되고 있으며, 이러한 배경 중에는 그들이 믿고 있는 신앙에 대하여 명확하게 설명되고 전달되지 않는 교육목회의 현실이 있음을 지적한다.[9] 특히 요즘과 같이 문자보다 이미지를 통해 세상을 배우며 자라나는 세대에게, 기독교에서 전하는 성경과 복음의 정수를 교육목회의 커리큘럼과 가르침의 목양을 통하여 명확하게 전달하는 것은 매우 긴급하고 중요한 사명이 아닐 수 없다.

과연 교회학교 교사는 우리에게 맡겨진 다음 세대가 기본적으로 알고 있어야 할 하나님, 예수님, 성령님, 복음, 구원, 교회, 말씀, 기도, 예배, 하나님 나라, 제자도 등과 같은 기독교의 핵심 개념을 그들이 이해할 수 있도록 설명할 준비가 되어 있는가? 만일 5분의 시간을 주고, '기도가 무엇이며 어떻게 해야 하는지' 아이들에게 알아들을 수 있도록 전하라고 한다면 잘 설명할 준비가 얼마나 되어 있는가?

2020년 3일간의 온라인 여름 캠프를 통해 693명의 아이들이 회심을 고백한 엘리베이션교회의 경우, 그 중심에 말할 것도 없이 청소년들이 고민하고 있는 가치와 삶, 문화와 미래에 대한 선명한 복음적 메시지가 있다. 또한 이와 연결된 강력한 성경 교육과 기독교적 분별에 관한 설교, 토론, 나눔, 실천 등이 있다.[10] 노스포인트교회는 성경을 통하여 발견되는 핵심 가치 36개를 선별하여 예배와 양육을 통해 매월 한 가지 주제를 집중해서 배우고 실천한다. 3년을 주기로 모든 세대가 함께 신앙으로 삶을 해석하고, 삶으로 신앙을 드러내는 삶을 지향하며 목양하고 있다.

• 4. 교회가 플랫폼이 되어 세상과 연결하라

세상의 빛과 소금으로 부르심을 받은 예수님의 제자들(마 5:13-16)이 모인 교회는 얼마나 많은 사람을 '교회 안에 수용하느냐'를 넘어서, 얼마나 많은 사람을 예수님의 사랑과 섬김, 복음과 헌신을 가지고 '세상에 파송하느냐'가 우선적이고 존재론적인 사명이다.[11] 이러한 교회는 많은 사람이 '모이는 호수' 같은 교회가 아닌, 세상을 향하여 힘 있게 '나아가는 강' 같은 교회다.[12] 그리스도의 사랑과 섬김을 통하여 세상에 지속적으로 흘러가는 예수님의 제자들은 바로 그들이 만나는 사람과 공동체 안에 거룩한 하나님 나라를 세워 간다.

초대 교회부터 그리스도인은 바로 이러한 섬김과 진실성의 구별된 삶의 양식과 실천을 통하여 강력한 복음 전파와 선교의 사역을 감당해 왔다. 로드니 스타크(Rodney Stark)는 초대 교회가 로마 제국의 핍박 속에서도 성장과 부흥을 경험한 핵심적인 원인 중에 한 가지를 꼽는다. 주후 2세기 당시 심각한 전염병이 도는 상황에서 그리스도인들이 병자들을 돌보고 이웃을 희생적으로 섬겼는데, 그들의 삶이 세상으로부터 신뢰할 만했고 진실되었음을 강조한다.[13] 오늘날 메타버스는 바로 이러한 교회가 세상과 만나며 하나님 나라를 세워갈 수 있는 거룩한 플랫폼의 공간을 제공해 줄 수 있다.

섬이 되는 교회 vs 세상을 향한 복음 플랫폼이 되는 교회

복음서에는 예수님이 가버나움 지방에 가셨을 때 많은 사람이 몰려온 이야기가 나온다. 그 이야기에는 중풍병에 걸린 친구를 들것에 메고 나왔다가 많은 사람으로 인해 예수님이 계신 집으로 들어가지 못하게 된 네 친구들의 상황이 나온다. 이때 그들은 길이 막혔으니 돌아가자고 하지 않았고, 도리어 이전에는 생각도 해 보지 못한 매우 창의적인 방법을 시도했다. 바로 지붕을 뚫는 것이었다. 하나님이 그들의 마음에 주신 꿈, 즉 내 친구가 예수님을 만나면 병이 나을 것이라는 믿음이 마음에 충만하니 많은 사람으로 막힌 집의 입구가 아니라 지붕이 보인 것이다.

그 지붕을 뜯어 중풍 병자를 내리니 예수님이 '그들의 믿음'을 보셨다고 성경은 기록하고 있다(막 2:5). 중풍병에 걸린 환자를 향한 하나님의 꿈이 네 친구들의 마음에 충만했을 때 발휘된 그들의 창의적이고 용기 있는 응답은 결국 신음하는 중풍 병자로 하여금 주님을 만나 회복하는 걸음을 걷게 했다.

코로나19 팬데믹 상황에서 새들백교회 릭 워렌 목사는 주일 설교를 통하여, 지금과 같이 모두가 힘든 상황이야말로 하나님이 이 지역에 우리 교회를 세우신 이유가 분명해진 때라고 선포하면서, 교인들로 하여금 이웃을 향한 하나님의 마음을 묵상하며 그들에게 필요한 것이 무엇인지 교회에 알려 달라고 요청했다. 교회는 교인들로부터 보고받은 이웃들의 필요에 대한 세밀한 정보(시간, 장소, 요청 내용, 참여 방법 등)를 정리하여 교회 홈페이지와 온라인 채널을 통해 24시간 자원 봉사 접수 시스템을 구축했다. 이에 교인들은 실시간으로 올라오는 정보를 보고 자신이 섬길 수 있는 시간과 장소, 물품과 은사(구호 및 복지 영역, 상담 영역, 교육과 예술 문화 영역 등)만큼 자원함으로 참여하여 이웃을 힘 있게 섬기기 시작했다.

한마디로, 교회가 이웃 섬김의 플랫폼이 됨으로써 교인들은 세상을 섬기는 성경적 정체성과 실천에 참여하게 되었고, 이 여정을 통해 자신들의 삶이 하나님 나라의 중요한 자원이 됨을 경험하게 되었다. 아울러 이웃들 또한 교회가 종교적인 섬이 아니라, 어두운 삶의 위기 속에서 든든한 하나님 나라 가족이 됨을 다시 경험한 은혜의 시간을 보냈다.

슬기로운 메타버스 교회학교

선교 프로그램이 있는 교회 vs 선교적 삶이 있는 교회

선교적 교회(missional church)는 선교 프로그램이 있는 교회를 넘어서 교인들 자체가 선교적 삶의 방식(missional way of living)으로 사는 교회다.[14] 교회가 이웃을 위한 플랫폼이 된다는 것은 이웃을 위한 프로그램이 있는 것을 넘어 교인들이 함께 사는 이웃과 마을을 위한 삶에 참여함을 의미한다.

교회는 헌신된 선교팀만이 아닌 교회학교 아이들과 부모들을 포함한 보다 많은 회중이 선교 기도, 물품 지원, 선교 여행 등에 참여할 수 있도록 목회적 기회를 제공할 수 있고, 섬겨야 할 지역이나 선교 지역의 상황을 나누고 함께 기도하고 동역하며 섬길 수 있다. 교회학교는 VR, AR을 포함하여 다양한 메타버스 플랫폼과 미디어 콘텐츠를 이용해 섬기게 될 현장과 선교 지역에 대한 기본적인 상황 나눔과 사역을 위한 양육을 제공할 수 있다. 또한 참여하는 아이들과 가정들은 자신들의 연령별, 은사별, 경험별로 섬길 지역과 사역을 선택하고 연결되어 섬길 기회를 얻을 수 있다.

물론 이 과정에서 교회학교 한 부서를 통해서 일어나는 열매는 적을 수 있다. 하지만 교회 전체 공동체 내에서 실시간으로 일어나는 선교 사역의 열매와 간증들을 메타버스 플랫폼을 통하여 동시다발적으로 전 회중과 공유한다면 어떨까? 이러한 사역에 동참해 온 교회학교 아이들과 부모들은 그 모든 사건을 나와 상관없는 사건이 아니라, 바로 함께 참여한 공동의 신앙 사건으로 받아들이게 된다.

또한 선교적 삶이 있는 교회라는 의미에는 교회가 세상에 줄 수 있는 복음 전파 사역이 늘 함께 가야 한다. 메타버스를 활용하여 세상의 신음에 빠르게 응답하는 교회가 된다는 것은 이웃과 마을을 위한 봉사와 구제를 빠르게 섬기는 것과 더불어 진정한 생명 사역인 복음을 효과적으로 전파함을 포함한다.

1949년부터 현장 전도 집회를 통해 수많은 회심자를 세워 온 빌리그레이엄전도협회는 2000년 중반이 되면서 복음을 전할 대상자들이 오프라인 집회에 이전만큼 모이지 않음을 보게 되었다. 이에 빌리그레이엄전도협회는 이 상황에 절망하지 않고 도리어 써치포지저스(searchforjesus.net)라는 온라인 사역팀을 세우고 현장 집회와 더불어 진행하기 시작했다. 그 결과 지난 56년간 약 700만 명의 회심자를 세워 왔던 빌리그레이엄전도협회는 2008년부터 2021년까지 이전보다 더욱 많은 1,700만 명의 회심자를 세웠다.[15]

하나님의 선교와 복음 사역은 결코 세상의 변화에 제한될 수 없다. 도리어 세상의 변화라는 파도를 올라타기 시작하면 더욱 빠르고 강력하게 하나님의 일하심을 세상에 드러낼 수 있다.

교회는 늘 위기와 함께 걸어왔으며, 하나님은 위기의 걸림돌마저 하나님의 선한 뜻과 능력을 드러내는 새로운 역사의 디딤돌로 바꾸셨다. 바로 그러한 영적 전환기의 자리에 하나님의 대안은 숫자가 아니라 제자였고, 상황이 아니라 믿음이었다. 3퍼센트의 소금이 온 바다를 신선하게 만들 듯, 코로나19와 비대면의 혼돈과 위기의 진정한 대안은 세상보다 크신 하나님의 말씀으로 자라나는 창조적인 믿음의 다음 세대가 다시 일어나는 것이다.

이를 위하여 먼저 하나님을 경험한 부모 세대가 교리를 넘어 복음적 삶의 헌신과 실천으로 우리에게 맡기신 모든 세대를 땅끝까지 가서 예수님의 제자 세대로 세워야 한다. 바로 거기서 이 전환기는 '위드 코로나'(with corona)를 넘어 '위드 지저스'(with Jesus)가 될 수 있으며, 우리에게 지금은 여전히 '위험한 시간'(dangerous time)이 아니라 도리어 '위대한 시간'(great time)이 될 수 있다. 왜냐하면 하나님은 그렇게 위기의 때마다 위기보다 크신 하나님을 바라보는 그루터기 같은 남은 다음 세대를 멈추지 않고 세워 오셨으며, 지금도 우리를 통하여 그렇게 일하고 계심을 믿기 때문이다.

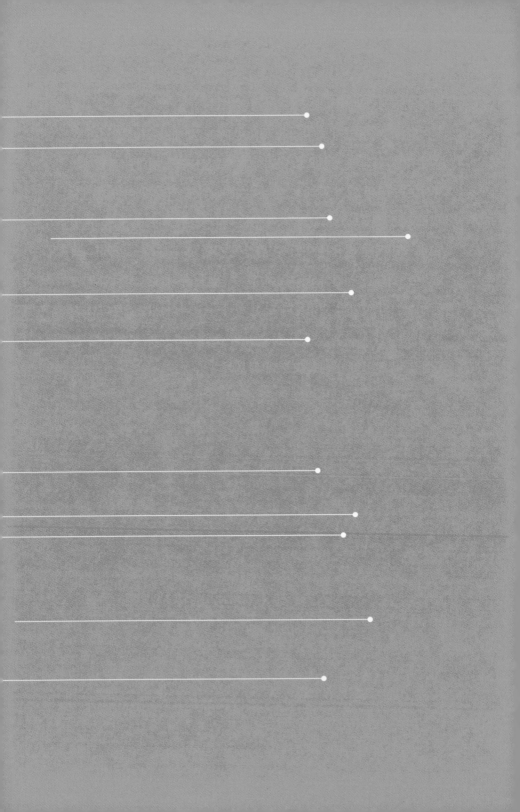

2부

메타버스
활용하기

메타버스 교회학교 실전편

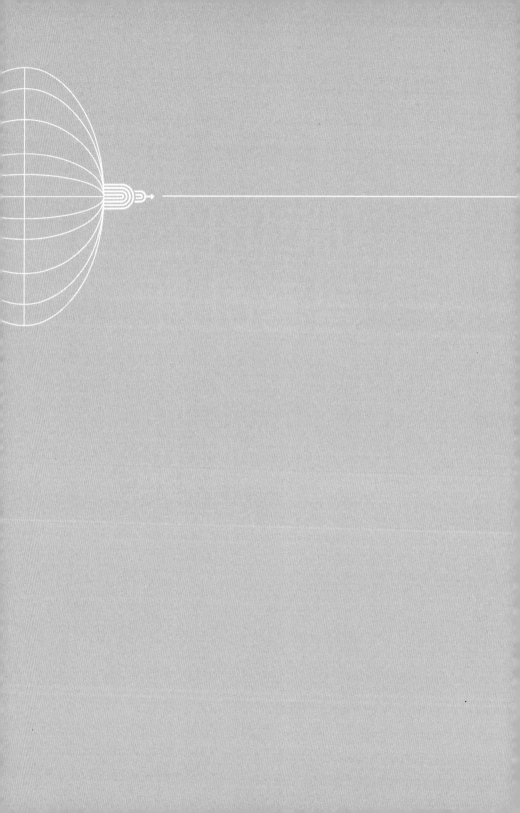

메타버스는 더 이상 먼 미래의 이야기가 아니다. 이미 여러 교회 교육 현장에서 메타버스에 대해 관심을 갖기 시작했으며, 교회교육에 대한 관심과 위기감을 바탕으로 메타버스 요소를 교회교육에 접목한 사례도 늘고 있다. 이제 앞서 논의한 메타버스에 관한 교육목회적 관점과 기준을 가지고 교회교육에 발 빠르게 대응해 메타버스에 발을 들여놓고 다양한 실천을 시도하고 있는 국내외 교회교육 현장의 사례를 살펴보도록 하자.

• 메타버스와 교회교육 현장

메타버스를 접목시킨 교회교육 현장을 둘러보기에 앞서, 지금까지 살펴보았던 메타버스의 영역들 중에 교회교육이 지금까지 연관되었던 영역들을 다시 한 번 짚어 보기로 하자.

메타버스를 네 개의 영역, 혹은 광의의 메타버스(네 영역을 모두 포함한 메타버스)와 협의의 메타버스(가상 현실과 증강 현실에 초점을 둔 메타버스)로 이해할 때, 교회교육 현장에서 수년 전부터 이미 활용하고 있는 세계는 광의의 메타버스 영역에 해당하는 거울 세계와 라이프로깅 세계라고 할 수 있다.

SNS(페이스북, 인스타그램 등)를 비롯하여 쌍방향 채팅 서비스(문자,

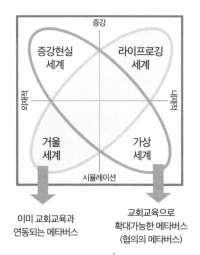

증강

증강현실
세계

라이프로깅
세계

독립적

현실적

거울
세계

가상
세계

시뮬레이션

이미 교회교육과
연동되는 메타버스

교회교육으로
확대가능한 메타버스
(협의의 메타버스)

메타버스와 교회교육 현장[1]

카카오톡 등)는 청소년 사역과 청년 사역에서 이미 활발하게 활용되고 있다. 반면, 협의의 메타버스, 즉 증강 현실 세계와 가상 세계는 기술적, 재정적 이유와 인식 부족으로 인해 아직 활발하게 시도되지 못하고 있다.

최근에 많은 관심을 받고 있는 메타버스는 주로 가상 세계와 증강 세계라고 해도 틀리지 않다. 그 이유는 현실 세계에서 사용자들이 경험하는 것을 증폭시키거나 상상 속에 머무르던 모습을 마치 실제와 같이 구현해 가고 있기 때문이다. 여기에 덧붙여서 기업의 이윤 창출 및 문화 산업적인 요소와 깊이 결부되어 있다는 것 또한 커다란 이유가 되고 있다.

교회교육의 입장에서 보자면, 가상 현실과 증강 현실을 통한 신앙 교육은 전통적인 교회교육이 지향하는 가치 및 방향과 일부 상충된다고 보는 시각도 존재할 수 있다. 예를 들면, 청소년들이 교회교육 현장으로 나오기보다는 온라인 세계의 매력에서 쉽게 빠져나오지 못할 수 있다는 우려가 있다. 또한 성경 이야기가 가져다주는 상상력이 오히려 디지털로 시각화된 이미지에 의해 제약을 받을 수 있다고 말하는 사람도 있다.

하지만 디지털 세대를 복음으로 안내하고 돌보며, 오프라인과 온라인을 연계해 그들을 그리스도의 제자로 양육하고자 하는 비전과 소망은 이미 진행 중이다. 이 일은 오늘도 교회교육 현장에 있는 사역자들을 통해 시도되고 있다.

──── • 국내 사례

먼저 현재까지 국내 교회교육 현장이 메타버스 세계를 활용하고 있는 사례들과 방식들을 소개하겠다.

일상이 담긴 신앙 이야기: SNS와 기독교 소셜 러닝

메타버스에서 일상을 담아내는 세계를 '라이프로그(life-log, 일상의 기록) 세계'라고 부른다. 라이프로그 세계는 SNS를 통해 사용자가 자신의 일상을 글로 기록하거나 사진을 남기는 식으로 구현된다. 라이프로깅은 메타버스라는 말이 출현하기 전부터 이미 많은 교회교육 현장에서 사용되어 왔다. 가령, 청소년부나 청년부에서 페이스북에 그룹을 만들어서 일상이나 묵상을 담은 글 혹은 사진을 공유하기도 한다. 또한 페이스북 혹은 인스타그램과 같은 개인 SNS에 자신의 일상의 삶뿐만 아니라 그리스도인으로서 세상과 삶을 바라보고 느낀 소소한 묵상을 올리고 공동체와 공유하곤 한다.

SNS는 개인이나 부서뿐만 아니라 광범위한 그리스도인들의 네트워킹 플랫폼으로 활용되기도 한다. 교회친구다모여는 페이스북과 인스타그램에 기반을 둔 가장 큰 기독교 SNS 플랫폼으로 알려져 있다(2022년 1월 기준, 페이스북 페이지 팔로워 약 9만 9천여 명, 인스타그램 팔로워 약 7만 5천여 명). "크리스천 콘텐츠" 제공과 "크리스천의 더 나은 라이프 스타일"을 제공하는 것을 목표로 하는 이 플랫폼은 개인의

교회친구다모여 인스타그램

삶을 공유하기보다는 크리스천 일러스트와 찬양 영상 등을 온라인 및 오프라인을 통해 제공하는 것을 중심 사역으로 삼고 있다. 하지만 이 플랫폼이 타깃으로 삼고 있는 MZ세대 그리스도인들이 이러한 묵상 일러스트와 찬양을 기반으로 자신의 SNS에 개인 묵상과 삶의 기록을 남긴다는 점을 고려한다면 이 플랫폼의 영향력은 매우 크다고 할 수 있다.

이러한 소셜 네트워킹을 통한 라이프로그 세계와 교회교육에 대해 눈여겨볼 점이 두 가지 있다. 첫 번째는 교육목회의 영역 중에서 친교(koinonia)에 새로운 의미와 형태를 제공한다는 점이다. 기존

의 교회교육이 지역 교회에 속한 학생 혹은 교사들만 대상으로 하는 형태였다면, SNS를 통한 라이프로깅의 공유는 지역 교회의 담장을 뛰어넘는 소통과 공유와 나눔을 가능하게 한다. 각 사용자가 속한 교단과 지역은 다르지만, 복음을 다음 세대에게 전하고자 하는 열정과 톡톡 튀는 아이디어를 공유하는 것은 그야말로 디지털 시대의 친교와 상생의 모습 중 하나가 아닐까.

SNS 등을 활용한 라이프로깅이 교회교육을 만날 때 살펴보아야 할 두 번째 중요한 요소는 학습(learning) 혹은 배움이다. 라이프로깅 메타버스는 소통과 공유를 넘어 학습이 일어나는 공간으로 이해된다. 토니 빙엄(Tony Bingham)과 마르시아 코너(Marcia Conner)는 SNS를 통해서 소통과 공유뿐만 아니라 학습이 일어난다고 주장한다. 그들은 소셜 네트워킹을 통해 온라인 커뮤니티를 형성하고 "다른 사람들과 함께 새로운 아이디어를 공유하는" 학습 행위를 가리켜 "소셜 러닝"(social learning, 사회적 학습)이라고 부른다.[2]

함께한다는 공동체적 요소에 기반하여 사람들의 활동 사항을 기록(log)하고 지식의 이동을 촉진시킨다는 점은 라이프로깅 메타버스를 통한 소셜 러닝의 한 측면이 될 수 있다. 이를 활용해 기독교 복음에 기초한 문화와 삶과 지식을 공유하는 것은 교회교육이 새롭게 확장된 형태라고 볼 수 있다.

온라인 수련회에 도전하다: 게더타운 수련회

코로나19 상황으로 인해 교회교육 현장이 경험한 어려움은 예배와 선교 영역뿐만이 아니었다. 교회교육 현장에서 매우 중요한 역할을 차지하고 있는 수련회와 성경학교 또한 중단될 처지에 놓인 것이다.

코로나 1년 차인 2020년에는 쌍방향 커뮤니케이션 플랫폼인 줌(Zoom)을 통해 '온라인 수련회' 혹은 '랜선 성경학교'라는 이름으로 많은 교회에서 계절 수련회를 진행했다. 그런데 2021년 봄, 미국 게더사에서 개발한 게더타운이 소개되면서 몇몇 교회에서 발 빠르게 이 플랫폼을 활용해 여름 수련회를 진행했다.

게더타운은 본래 기업 등에서 화상 회의 및 재택근무 환경에서 업무 효율성을 높이기 위해 개발된 플랫폼이다. 줌과 같이 회의 공간에 참여한 이들의 얼굴과 목소리를 보거나 들을 수 있도록 화상소통 기능을 기본적으로 탑재한 동시에, 마치 게임을 하는 것과 같은 게임화(gamification) 요소와 반응형 상호 작용(interactive) 요소들을 다양하게 제공하는 것이 게더타운의 특징이다.

대한예수교장로회(합동) 혜성교회는 게더타운을 활용해 중고등부 수련회를 진행한 초기 교회 중 하나다. 생소한 플랫폼이지만 이미 줌과 같은 쌍방향 플랫폼과 아바타를 활용한 온라인 게임에 익숙한 교사들이 게더타운에 적응하는 시간은 그리 오래 걸리지 않았다.[3] 참여자들을 위한 튜토리얼을 제공하고, 수련회 일정에 따라 예

혜성교회 메타버스 수련회(게더타운)

배와 교육, 공동체 훈련 등이 이루어지는 다양한 공간을 지도화하는(mapping) 노력을 기울였다.

이는 실제로 수련회를 준비하는 과정과 유사하다. 오프라인에서 이루어지는 수련회도 일정을 정하고 나면 교육 프로그램을 위한 계획서를 마련하고, 또 수련회에 많은 학생이 의미 있게 참여할 수 있도록 친절하게 초대하고 동기를 부여하는 것이 중요하다. 마찬가지로 게더타운을 통해 수련회 등을 계획할 때 디지털 플랫폼에 맞는 수련회 계획, 적극적인 활동을 위한 동기 부여, 개인과 소그룹에 대한 배려 등이 각별히 요구된다.

물론 게더타운과 같은 디지털 플랫폼에서는 실제 수련회나 성경학교에서 경험하는 대면 교제와 교육이 직접 이루어지지 않는다는 약점이 있다. 하지만 '대체'가 아닌 '확장'과 '상보성'이라는 관점으로 바라볼 필요가 있다. 서로의 얼굴을 정면으로 바라보고 MZ세대인 어린이와 청소년들이 미리 준비된 반응형 요소들을 통해 다양한

슬기로운 메타버스 교회학교

신앙 교육 경험을 할 수 있다는 측면에서, 분명 메타버스를 활용한 수련회는 신앙 교육의 새로운 가능성을 열어 준 기회가 되고 있다.

새로운 땅끝을 향하는 말씀과 소명의 예배: 메타버스 예배

목회자를 양성하고 신학을 가르치는 신학교에서도 메타버스에 대한 관심이 뜨겁다. 장로회신학대학교 신학대학원에서 진행된 2021년 9월 가을 신앙 사경회에서 교육목회팀의 폐회 예배가 메타버스에서 진행되었다. 대부분 교회교육 현장에서 섬기고 있는 교육전도사로 구성된 교육목회팀은 메타버스가 무엇인지에 관심을 가지고 사경회에 참여했다.

사경회의 폐회 예배는 게더타운에서 이루어졌다. 필자가 디자인한 게더타운 맵에서 드린 예배는 교육전도사들에게 한마디로 신세계처럼 여겨졌다. 이날 폐회 예배에서 강조된 점은 게더타운이라는 메타버스 공간 자체가 아닌 '예배'였다. 과연 예배란 무엇이며, 우리가 예배에 대해 가지고 있는 선입견은 무엇인지를 먼저 질문하는 것이 중요했다.

우리는 보통 '예배' 하면 주일 아침 함께 모여 장의자에 앉아 예배를 드리는 모습을 떠올린다. 성례의 깊은 의미와 신구약 성경 말씀을 믿음의 상상력을 가지고 이해하고자 참여하는 모습보다는 다소 경직된 분위기를 떠올리기도 한다.

하지만 하나님이 베푸신 은혜에 대해 감사와 기쁨으로 응답하는 예배자의 마음은 다윗이 언약궤가 성으로 들어오는 모습을 보면서 춤추며 나아갔던 기록에 잘 표현되고 있지 않는가(삼하 6:13-15). 혹은 빈 무덤을 보고 예수 그리스도의 부활을 깨닫고 기쁜 마음으로 달려갔던 여인들의 모습 속에서도 기쁨으로 가득 찬 예배자의 모습이 드러나지 않는가(마 28:8). 이러한 성경의 이야기들을 떠올리며 메타버스 속의 예배는 은혜를 향한 기쁨과 응답을 담은 모습이 되어야 할 것을 교육전도사들과 함께 나누었다.

이러한 고민을 담아 만든 게더타운 속 폐회 예배에 '길 위의 예배'(Worship on the move)라는 이름을 붙이게 되었다. 게더타운 예배는 지도에 마련된 총 네 개의 공간을 참여자(아바타)가 움직이면서 드리도록 마련되었다. '환대의 뜰', '말씀의 빈 들', '교육 묵상의 정원', '파송

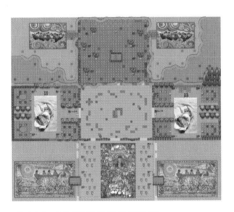

게더타운 예배, '길 위의 예배' 전체 맵

의 문' 등으로 구성된 네 공간은 전통적인 교육목회 용어로 표현하자면 '친교'(코이노니아), '예배'(레이투르기아), '교육'(디다케), '파송과 선교'(마르투리아)를 각각 나타낸다. 각 공간에서 드리는 예배는 오프라인 교회 공간에 모여서 드리는 예배의 핵심 요소를 담고 있으면서

슬기로운 메타버스 교회학교

도(찬양, 기도, 말씀 봉독, 설교 등) 메타버스에서만 구현할 수 있는 요소들 또한 포함되었다.

예를 들어, '환대의 뜰'에서는 소그룹에 속한 이들이 함께 인사를 나누며 주제가 되는 말씀을 상징하는 그림들을 자유롭게 둘러보고 마음을 여는 상황이 제공된다. '말씀의 빈 들'에서는 오병이어 사건(당일 설교 본문, 마 14:14-21)이 펼쳐진 빈 들을 재현해 놓은 듯한 공간에서 비규칙적으로 흩어진 바위 위에 앉아 상상력을 더해 말씀을 듣게 된다. 이어지는 '교육 묵상의 정원'에서는 오병이어 말씀을 현대적으로 해석한 상징 이미지(물고기 두 마리와 떡 다섯 개, 성경책, 그리고 스마트폰)를 두고, 말씀이 빈곤한 시대에 하나님의 은혜의 양식을 어떻게 경험할 수 있는지를 소그룹 구성원들과 함께 나누고 패들렛(Padlet)에 기록한다. 마지막으로 '파송의 문'에서는 각자의 이름이 담긴 편지함에서 "하나님의 사명자 ○○○"라는 메시지를 확인하며 각 사람을 하나님의 사명자로 부르시는 파송식에 참여하게 된다.

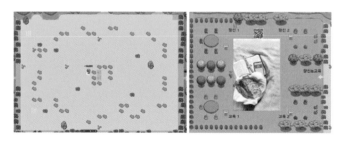

(좌) 말씀의 빈 들 / (우) 교육 묵상의 정원

이와 같은 메타버스 예배를 디자인하기 위해서는 무엇보다 교회교육 안에서 예배의 본질을 이해하고, 예배의 각 순서가 의미하는 바가 무엇인지를 깊이 생각하며 준비하는 것이 중요하다. 또한 예배에 참여하는 이들이 이를 통해 어떠한 신앙 경험을 하게 될 것인지를 면밀히 살펴보아야 한다. 바꾸어 말하면, 메타버스 공간 속에서 드리는 예배의 핵심은 플랫폼 형태보다 우선하는 것이며, 예배를 인도하고 섬기는 이들과 참여자 모두가 적극적인 예배자의 마음을 가지고 나아가야 함을 의미한다.

스스로 만들어 가는 디지털 신앙 교육: 메타버스와 성서 학습

메타버스는 교회교육에서 성서 학습을 위한 공간으로도 활용되고 있다. 메타버스를 활용해 성서 학습을 진행하는 사례는 크게 두 가지 모습으로 나타난다. 첫 번째 사례는 메타버스 플랫폼을 사용해 교육 과정을 제공하고 있는 교재를 활용하는 방식이고, 두 번째 사례는 사용자들이 직접 코딩(coding)을 통해 성경 이야기와 관련된 디지털 신앙 교육 경험을 스스로 만들어 가도록 돕는 일이다.

메타버스 플랫폼을 사용해 교육 과정을 제공하는 첫 번째 예는 주로 교단이나 기독교 교육 관련 기관 등을 통해서 이루어진다.

2021년 12월, 대한예수교장로회(통합) 교육자원부는 총회교육방송센터를 열고 디지털 시대와 코로나19 상황 가운데 지역 교회 현장을 돕기 위한 영상 예배를 제작하여 제공하기 시작했다.[4] 교단 공과 교재에 맞추어 제작되는 이 영상 예배는 기존 예배의 흐름(예배의 부름, 신앙 고백, 찬양, 성경 봉독, 설교, 주기도문)을 담고 있다. 눈에 띄는 점은 예배를 인도하는 이들이 이모지(emoji)로 표현되었다는 점이다. 각 지역 교회에서 어린이들에게 친근한 캐릭터가 예배와 찬양을 인도하고, 어린이들이 가상 공간 속에서 성경 이야기를 듣고 반응할 수 있도록 한 것은 오프라인과 온라인이 함께 어우러진 형태라고 할 수 있다.

같은 시기에 대한예수교장로회(합동) 총회교육개발원에서도 메타버스를 활용한 겨울 성경학교 교재를 출간했다.[5] 이 교재는 유아유치, 아동, 청소년 연령을 대상으로 각 3과로 이루어져 있는데, 각 과는 보물찾기, 퀴즈, 찬양, 성경 말씀 등을 구현하는 가상 공간을 QR 코드를 통해 접속할 수 있다.

이외에도 여러 기독교 교육 기관에서 VR을 활용한 메타버스 성경 공부를 시도하거나, 게더타운과 이프랜드를 활용해 소그룹 성경 공부 등을 진행하는 시도를 하고 있다.

메타버스를 이용한 성서 학습을 진행하는 두 번째 방식은 코딩이나 카드보드 VR을 이용해서 창의적인 교회교육 경험을 제공하는 것이다. 이러한 시도는 아직까지 넘어야 할 많은 장벽이 있지만, 교회 내 IT기술을 가진 이들이 자발적으로 재능 기부를 하거나 새로운 플랫폼을 도입하는 등의 방식으로 이루어지고 있다.

예를 들면, 2021년 온누리교회 차세대부의 경우, 코로나19 팬데믹으로 인해 단기선교 등이 현실적으로 어려워지자 메타버스를 통한 성경 공부와 선교지 아웃리치를 시도했다. 먼저, 창조에 관한 성경 공부를 VR을 통해 경험할 수 있도록 "창조탐험대: 천지창조 VR" 영상을 제작하였다. 성경에 기록된 창조의 이야기를 디지털 그래픽으로 제작하여 VR 기기를 통해 에덴동산에서 이루어졌던 창조 과정을 실감 나게 경험할 수 있도록 한 것이다.

온누리교회 메타버스 선교지 아웃리치

또한 선교지 아웃리치를 위해 선교부에서는 다음 세대와 성도들이 메타버스를 통해 선교지를 탐방할 수 있도록 돕기 위해 고민했다. 이를 위해 14개국(네팔, 몽골, 러시아, 멕시코, 탄자니아, 일본, 러시아 등)에서 활동 중인 현지 선교사들로부터 360도로 촬영한 선교지 동영상을 전달받았다. 교회 내 IT업종에 종사하고 있는 성도들이 주축이 되어 VR 영상으로 제작하고, 교회 비치용 VR과 경제적인 가정용 보급형 VR(1만 원 상당)을 마련하여 참여자들이 마치 선교지와 현지인들의 가정 예배 처소를 직접 방문하는 듯한 경험을 갖도록 도왔다. 이러한 새로운 경험을 통해 다음 세대와 성도들이 코로나 상황에도 비대면 기술을 통해 선교에 대한 소명과 비전을 품는 기회를 가질 수 있었다(선교지 동영상을 위한 유튜브 링크는 주석 참조).[6]

또한 기부 애플리케이션 체리(Cherry)를 개발한 이포넷은 코딩을 통해 MZ세대가 성경 이야기에 등장하는 인물들의 대화와 행동 등을 직접 구현하게 돕는 프로그램을 개발하고 있다. 예를 들어, 어린 이들이 코딩을 통해 사무엘상에 등장하는 다윗과 골리앗 이야기를 직접 구성하면서 성경 이야기를 친숙하게 배우고 경험할 수 있도록 돕는 시도다. 이는 메타버스를 통한 쌍방향 교회교육의 가능성을 열어 놓고 있다.

디지털 문화를 분별하는 눈을 키우라: 디지털 리터러시와 교회교육

메타버스가 강조될수록 놓치지 말아야 할 것은 디지털 문화와 콘텐츠의 언어와 특징을 바르게 이해하고 분별하여 올바르게 사용할 수 있는 역량을 갖추는 것이다. 이를 가리켜 '디지털 리터러시'(digital literacy)라고 부른다.[7] 메타버스에 '대한' 정보를 아는 것을 넘어서서 디지털 세계를 이해하는 관점을 형성하고, 이를 주어진 콘텍스트에 맞게 올바르게 활용하는 능력이 필요하다.

교회교육 현장에서 메타버스에 대한 관심이 높아지고 있다. 이에 메타버스 속에서 펼쳐지는 디지털 요소와 이로 인해 파생되는 윤리적으로 분별하는 능력을 기르는 일은 그것을 활용하는 일만큼이나 중요하다.

코로나19 팬데믹으로 인해 교회교육 현장에서 온라인을 통해 소통하고 정보를 습득하여 사용하는 기회가 급격하게 늘어났다. 반면, 교회교육 현장에서는 온라인 문화와 디지털 코드에 담긴 복잡다단한 미디어 문법을 이해하고 능숙하게 활용하는 역량이 부족한 경우를 어렵지 않게 발견하게 된다. 예를 들어, 코로나 시기에 비대면 예배와 비대면 신앙 교육이 유튜브와 같은 영상 플랫폼을 통해 제공되는 가운데, 교회교육 지도자들은 고민에 빠졌다.

'어떻게 하면 어린이와 청소년, 청년들이 비대면을 통해 예배와 교육에 좀 더 적극적으로 참여하게 할 수 있을까?'

그런 고민 가운데 등장한 영상 콘텐츠 종류가 소위 '먹방'('먹는 방송'의 줄임말) 콘텐츠다. 한국에서 시작된 '먹방' 신드롬은 영어로 'Mukbang'이라는 고유명사가 등장할 만큼 국내와 해외에서 엄청난 인기를 누리고 있다. 이러한 '먹방' 콘텐츠는 교회교육 현장에서 대면 친교와 예배와 교육이 매우 제약받던 상황 속에서 인터넷에서 유행하는 콘텐츠를 활용한 사례다.

그런데 교회교육 현장에서 '먹방' 형식을 교육, 예배, 친교 등에 활용하는 것에 대해 신중해야 한다는 입장이 있다. 개신교 교회는 이 땅에 뿌리를 내리기 시작한 이래 교육, 의료, 문화 분야 등에서 창조성을 보이며 선도적인 역할을 감당해 왔다. 하지만 최근 미디어 산업의 발달과 TV 및 온라인을 통한 문화 콘텐츠가 실시간으로 공유되고 상당한 영향력을 미치기 시작하면서, 교회교육 현장에서 제공하는 교육 내용이 독창적인 형태라기보다는 교회 밖 문화 콘텐츠를 유사하게 따라 하거나 재가공하는 사례가 증가하고 있다.

복음이 문화의 옷을 입는 것은 불가피하다. 하지만 신학자 리처드 니버(Richard Niebuhr)가 주장한 바와 같이, 기독교 복음은 문화를 변혁해야(transform) 할 사명을 가지고 있으며, 이를 위해서 교회교육은 단순히 대중문화 콘텐츠의 형식을 빌려오는 것을 넘어서서 기독교 복음만이 제공할 수 있는 기쁨과 믿음과 소망을 담은 내용을 제공하고자 고민해야 한다.

디지털 리터러시가 교회교육 현장에서 중요한 또 한 가지 사례는 사이비 이단 혹은 유사종교와 관련된 영역이다. 적지 않은 수의 청소년과 청년들, 심지어 장년들이 인터넷에 확산되고 있는 사이비 이단 단체, 혹은 개인이 제작한 잘못된 정보에 무차별적으로 노출되고 있다. 안타까운 사실은 교회 내에 MZ세대가 미디어 속에 침투한 이단 콘텐츠를 변별할 수 있도록 돕는 교육이 매우 약하다는 사실이다. 그런 점에서 이에 대응하는 교회교육적 노력이 시급한 상황이다. 바른미디어(https://www.youtube.com/c/바른미디어)의 경우, 이러한 취약성을 파악하고 MZ세대를 위해 사이비 이단과 건강한 기독교의 삶을 다루는 콘텐츠를 제공하고 있다.[8]

또한 교회교육 지도자들을 위한 디지털 리터러시 교육의 사례가 조금씩 확대되고 있는 것은 매우 긍정적인 신호다. 예를 들어, 2021년 6월 장로회신학대학교는 목회자와 신학생의 디지털 역량 강화를 위한 디지털 리터러시 세미나를 개최했으며, 2021년도 가을학기에는 디지털 리터러시 수업을 개설했다. 다음 세대에게 신앙교육을 위한 디지털 리터러시 역량을 키워 주는 것도 중요하지만, 교회교육 지도자들이 먼저 디지털 시대의 리터러시 역량을 강화하고, 이를 바탕으로 창조적이고 분별력을 가진 미래 교회교육을 이끌어 가는 것이 무엇보다 중요하다. 이러한 과정과 노력을 통해 다음 세대를 위한 교회교육 현장이 보다 건강하게 세워질 것이다.

• 해외 사례

국내뿐만 아니라 해외에서도 메타버스 세계에서 다양한 방식으로 교회교육을 실천하는 예가 늘어나고 있다. 여러 사례 가운데 한국 교회교육 현장에 도전이 될 만한 내용을 소개한다.

로블록스 스튜디오와 청소년 교육: 마인크래프트를 활용한 입교 교육

마인크래프트는 전 세계 MZ세대에게 가장 많이 알려져 있는 샌드박스(sandbox) 게임 플랫폼 중 하나다. 2009년에 출시된 이후 전 세계에서 가장 많이 팔린 비디오 게임으로 알려진 마인크래프트가 의외로 MZ세대를 대상으로 하는 교회교육 현장에서 활용되기도 한다.

미국 아칸사스주 파예테빌에 위치한 선한목자루터교회를 담임하고 있는 클린트 쉬네클로스(Clint Schnekloth) 목사는 마인크래프트를 활용한 입교 교육 사례를 소개한다.[9] 쉬네클로스 목사가 입교 교육에 마인크래프트를 접목하려고 마음을 먹은 이유는 단지 교리를 암기시키는 것만으로는 MZ세대 청소년에게 의미 있는 신앙 교육을 제공하기가 어렵다는 판단 때문이었다. 샌드박스 게임의 특징(아무것도 없는 환경에서 사용자가 건물 혹은 환경을 만드는 형식의 게임)을 활용하여, 입교 교육에 참여한 중학생들이 소요리 문답을 통해 교리를 배우는 동시에 마인크래프트 공간에 교회를 짓도록 했다.

쉬네클로스 목사는 입교 교육에 참여하는 중학생들을 두 그룹으로 나누어 매 주일 소요리 문답의 각 장을 마칠 때마다 루터의 신학을 반영한 교회를 각 그룹이 지을 수 있도록 격려했다. 이때 문답을 하면서 마인크래프트 교회를 건축하는 과정에서 (게임의 특성상) 상대방을 방해하거나 개별적으로 몰입하는 것을 피하고, 서로를 도우며 협력하는 방식을 통해 교육적 효과를 누릴 수 있었다. 예를 들어, 교회 다락방에 침례 수조(침례를 베풀기 위한 커다란 수조)를 만들어 놓거나, 입교 교육이 이루어지는 공간의 독서대에 그들이 교육 과정 중에 배우는 사도신경에 대한 루터의 해설을 적어 놓기도 했다.

마인크래프트를 이용한 청소년 입교 교육을 소개한 블로그

이와 비슷한 사례가 영국 성공회의 리즈 교구 블로그에도 소개되어 있다.[10] 이 교구는 교사들과 부모들에게 마인크래프트에 대해 소개할 뿐만 아니라 새로운 디지털 플랫폼을 통해 기독교를 어떻게 새롭게 바라볼 수 있는지에 대해 논의를 진행했다. 이들은 이 디지털 플랫폼을 이용해 MZ세대와 함께 협업하여 어떻게 절기 교육을 할 것인지를 고민했다.

예를 들어, 한 교회에서는 어린이들이 부활절 이야기를 마인크래프트 공간 안에 구현하도록 했는데, 세 팀으로 나누어 건물을 짓고, 그곳에 다락방과 무덤, 십자가를 만들도록 했다. 그리고 이 공간을 만들면서 예수 그리스도의 죽으심과 십자가의 의미가 무엇인지를 나누는 시간을 통해 부활에 대한 소망도 함께 갖게 되었다.

이러한 사례들은 마인크래프트와 같은 게임 플랫폼을 새로운 시각으로 바라보고, MZ세대가 자신들이 거주하고 있는 공간 속에 기독교의 의미를 담은 공간을 창조하며 복음에 대해 생각할 수 있도록 돕는 새로운 접근법을 보여 준다.

가상 공간 속의 교회: 디제이 소토와 VR교회, 그리고 메타버스 종교 공동체

2021년 7월 25일 〈뉴욕 타임즈〉에 아주 흥미로운 기사가 실렸다.[11] 호주의 힐송교회가 미국 조지아주 애틀랜타에 교회 설립을 준비하고 있었지만 코로나19 팬데믹 때문에 어려움을 겪고 있었다. 그때 페이스북으로부터 교회 개척을 온라인상에서 확장해 보자는 제안을 받았고, 실제로 이를 진행하고 있다는 내용이었다. 힐송교회 외에도 여러 교단의 교회가 페이스북에 최적화된 형태로 교회를 확장하고 있다는 소식도 함께 전했다.

한 걸음 더 나아가, 2021년 8월에는 페이스북의 창업자 마크 저커버그(Mark Zuckerberg)가 자신의 회사가 만든 메타버스 공간에 교회를 개척한다는 내용이 알려지기도 했다.[12] 좀 더 정확하게 말하자면, 기독교뿐만 아니라 다양한 종교 공동체들이 거주할 수 있는 공간을 메타버스 공간에 만들겠다는 내용이었다. 페이스북의 운영 책임자인 쉐릴 샌드버그(Sheryl Sandberg)는 "신앙 단체들과 소셜 미디어는 서로 잘 어울린다. 왜냐하면 양자 모두 근본적으로 '연

결'(connection)에 관한 것들이기 때문이다"라고 말했다.[13]

SNS를 넘어서 실제로 온라인의 가상 현실 세계에서 교회를 개척하고 목회를 하는 이들도 있다. 디제이 소토(DJ Soto)는 코로나19 이전인 2016년에 VR교회(가상 현실 교회)를 메타버스에 세우고 현재까지 목회를 해 오고 있다. 그는 펜실베이니아주에 있는 대형 교회에서 사역을 하며 교회 개척을 준비하던 중 VR 기술을 접하게 되었고, 가상 공간 속에서 교회를 개척하기로 마음을 먹었다. 최근에 홈페이지를 통해 "VR교회는 메타버스 교회"라는 표현을 직접적으로 사용하기 시작했으며, 교회 소개를 다음과 같이 하고 있다.

디제이 소토와 VR교회 홈페이지

"VR교회는 온전히 메타버스에 존재하는 영적인 공동체로서, 세상을 향한 하나님의 사랑을 찬양합니다. 교회는 언제 어디서나 세워질 수 있으며, 메타버스 속에서도 가능합니다."[14]

그렇다면 VR교회는 과연 어떤 모습일까? 자체적으로 메타버스 공간을 프로그래밍하기보다는 기존에 활용되고 있는 대중적인 가상 공간 플랫폼을 활용해서 예배와 친교의 시간을 갖는다. 예를 들

어, VR교회의 예배는 알트스페이스VR(AltspaceVR)과 VR챗(VRChat)이
라는 플랫폼을 주로 사용한다.[15] 한국에서는 다소 낯선 플랫폼이지
만, 두 플랫폼 모두 VR 기기를 사용하는 가상 공간 중심의 메타버
스 환경을 제공한다. VR교회는 이곳에서 주일 예배를 드리고 성도
들의 친교 시간을 갖는w다.

　이러한 가상 공간 속에서 드리는 예배의 특징은 VR 경험을 통한

알트스페이스VR과 VR챗 기반의 VR교회

예배 환경을 현실 교회와 차별적으로 구성하고 다양한 체험을 가능
하게 한다는 점이다. 예를 들면, 찬양 집회 동영상을 체험형으로 제
공하거나, 앞서 국내 게더타운의 예에서도 살펴본 것처럼 설교, 특
별히 성경 말씀을 체험적으로 경험할 수 있도록 디자인된 공간을
이동하면서 듣도록 돕는다. 가상 공간을 단지 디지털화된 공간으로
서가 아닌, 상상력과 참여를 증진시키는 공간으로 이해하고 예배와
친교를 디자인한다는 점이 눈에 띈다.

　또한 VR교회는 온라인 게임 플랫폼을 통해 친교와 선교에 관심

을 쓰기도 한다. VR교회는 이를 'MMO 교회'라고 부르는데, MMO 교회란 'Massively Multiplayer Online Church'의 약자로서 '대규모 멀티플레이어형 교회'를 지칭한다. MMORPG 게임과 같이, 이 플랫폼에서는 VR교회에 참여하는 이들이 예배를 드리고 함께 게임을 통해 친교를 하게 된다. 이들이 활용하는 게임 플랫폼은 파이널판타지14(Final Fantasy 14)와 러스트(Rust)다.

이들이 디지털 플랫폼에 VR교회를 세우면서 지향하는 목적은 두 개의 성경 구절을 통해서 나타난다. 마태복음 28장 19절("그러므로 너희는 가서 모든 민족을 제자로 삼아 아버지와 아들과 성령의 이름으로 세례를 베풀고")과 요한복음 13장 35절("너희가 서로 사랑하면 이로써 모든 사람이 너희가 내 제자인 줄 알리라")이다. 이들은 비록 게임 플랫폼을 이용해 예배와 친교의 기회를 갖지만, 제자를 삼고자 하는 선교적 목적과 예수 그리스도 안에서의 친교를 지향한다는 것을 보여 준다.

물론 한국 교회의 교회교육 현장에서는 게임 플랫폼을 매개로 예배를 드리고 친교에 참여한다는 것이 다소 생소하다. 하지만 VR교회는 기존 교회 공동체의 경험을 온라인으로 확장하며 그곳에 머물고 있는 이들에게 다가가 복음을 전하고자 하는 또 하나의 비전을 제시하고 있다는 것을 알 수 있다.

MZ세대 문화의 한복판에 서다: 엘리베이션교회 YTH와 유버전

엘리베이션교회는 혁신의 아이콘으로 알려져 있다. 그중 엘리베이션의 청소년 사역 YTH는 메타버스 영역 중 소셜 미디어와 게임을 적극적으로 활용하고 있다. 그 이유는 주일 중심 청소년 사역의 한계와 더불어, 그리스도인 및 비그리스도인 청소년들에게 복음을 적극적으로 전하고 교회 공동체로 이끌기 위함이다.

엘리베이션 YTH는 유튜브를 비롯해 페이스북, 트위터(Twitter), 인스타그램, 틱톡(TikTok) 등 다양한 소셜 미디어를 적극적으로 활용한다. 유튜브의 경우, 매주 수요일 저녁 6시에 제공하는 '엘리베이션 리듬 나잇'(Elevation Rhythm Night)이라는 예배를 포함해 브이로그, 팟캐스트(Podcast), 그리고 짧은 포맷 영상인 쇼츠(Shorts)까지 활용해 감각적이면서도 청소년들이 직면하는 어려운 문제들에 대한 신앙적인 안내를 담은 콘텐츠를 제공한다.

선악의 문제, 성찬, 대중문화 등에 대한 이야기를 청소년 문화 코드로 풀어내는 모습은 매우 참신하다. 청소년 사역자 및 봉사자들이 자동차를 운전하면서 이 같은 내용을 풀어내는 모습이라든지, 메타버스에 청소년들과 함께 접속해서 온라인 게임을 하는 모습을 청소년 사역 콘텐츠에 포함시키는 부분 등은 한국 교회 문화의 입장에서 볼 때 커다란 문화적 차이를 느끼게 하는 지점이기도 하다.

엘리베이션 YTH는 트위터나 인스타그램을 통해서도 사역을 적극적으로 펼친다. MZ세대가 좋아하는 온라인 콘텐츠 포맷은 긴 영상보다는 짧은 영상이나 메시지, 재미있고 직관적인 이미지다. 이 점에 착안해서 인스타그램에 예배 장면을 짧은 GIF(움직이는 영상 이미지)로 올리거나, 트위터에 주일 설교를 한두 문장으로 요약해서 지속적으로 제공하는 방식은 엘리베이션 YTH가 소셜 미디어를 사역에 적극적으로 사용하는 모습을 잘 보여 준다.

엘리베이션 YTH와 같이 청소년에게 집중하는 사역 모델 외에 어린이에게 초점을 둔 메타버스 사역도 눈길을 끈다. MZ세대 중 Z세대(혹은 알파세대)에 해당하는 어린이를 위한 메타버스 교회교육 리소스 가운데 어린이를 위한 유버전(YouVersion for Kids)을 꼽을 수 있다. 유버전은 라이프교회(Life Church)에서 개발한 스마트폰 애플리케이션으로서, 46개 언어로 제공되고 있으며, 수많은 사용자를 보유하고 있다.

성경 이야기를 순차적으로 따라가도록 제작된 유버전은 어린이들이 교회와 가정에서 성경 애니메이션과 상호작용 온라인 활동 및 배지(badge) 기능을 신앙 교육에 활용할 수 있도록 돕는다. 또한 미

유버전(YouVersion) 안내 페이지와 성경 애니메이션

슬기로운 메타버스 교회학교

취학 연령의 어린이들을 위한 2년 성경 교육 커리큘럼을 제공하여 교회와 가정에서 어린이들이 성경 이야기를 친근하게 듣고 경험할 수 있도록 한다.

메타버스를 비롯한 온라인 문화와 디지털 콘텐츠가 연령이 낮은 어린이에게 미치는 영향에 대해 교회교육 지도자들과 부모들은 관심과 우려를 동시에 가지고 있다. 하지만 디지털 문화 속에서 살아가는 MZ세대와 이들을 신앙으로 양육하는 교회교육 지도자들 및 부모들이 이에 지혜롭게 대응하고 대안을 마련하도록 돕는 일은 보다 중요하다.

부모 교육을 위한 리소스가 한자리에: 디지털 페어런팅

메타버스가 가상 현실과 증강 현실뿐만 아니라 디지털 공간 전반을 지칭하는 넓은 의미로 이해될 때, 미국의 여러 교회에서 제공하는 디지털 부모 교육은 교회교육 현장에서 눈여겨볼 중요한 사례를 제공한다.

'디지털 육아법', 혹은 '디지털 페어런팅'(digital parenting)이라고도 불리는 디지털 부모 교육의 사례를 잘 보여 주는 교회 중 하나는 새들백교회다. 이 교회는 부모들을 위한 디지털 페어런팅의 일환으로서 새들백 페어런츠(Saddleback Parents)라는 플랫폼을 제공한다.[16] 이 플랫폼은 연령별 교회교육 홈페이지와 별도로 운영되고 있는데, 목

새들백교회의 새들백 페어런츠 홈페이지

적은 모토에서도 잘 드러나듯이 "부모들이 이기도록 돕는 것!"(Helping Parents Win!)이다. 자녀들을 신앙으로 양육하는 것은 결코 쉽지 않다. 그럼에도 동영상과 팟캐스트, 교육 리소스 등을 선별하여 제공해 부모들이 결국 하나님이 맡겨 주신 그리스도인 부모로서의 사명을 잘 감당하도록 돕고자 한다.

이 플랫폼을 통해 제공되는 디지털 부모 교육 리소스는 총 6가지다. 그중 동영상으로 제공되는 부모 교육 리소스는 3가지다. 첫 번째는 자녀 신앙 교육에 관련된 다양한 주제를 2분 길이의 영상으로 제작한 '2분 팁'(Two-minute Tips)이다. 이 리소스들이 다루는 주제는 매우 다양한데, 학업, 인종 차별, 분노, 따돌림, 친구 관계, 약물 복용, 정체성 등 부모들이 자녀를 양육하면서 실제로 부딪칠 수 있는 도전과 어려움에 관련된 내용들을 제공한다. 두 번째 동영상 리소스는 '궤도 위에 있는 양육'(On Track Parenting)인데, 이 영상은 그리스도인 부모의 정체성, 연령대별 자녀 신앙 양육 등의 주제를 약 10분 내외로 다루고 있다. 개별 가정이나 부모들이 함께 모인 공동체에서 영상을 보고 토의를 할 수 있도록 안내하는 점이 특징이다. 이 플랫폼이 제공하는 영상 리소스 외에 다른 기관 혹은 유튜브에서 제공하는 양질의 부모 교육 강의를 모은 '어려운 주제들'(Tough Stuff)이 세 번째인데, 이는 영상 허브의 역할을 하고 있다.

새들백 페어런츠는 디지털 부모 교육을 위한 동영상 리소스 외에도 팟캐스트와 블로그, 그리고 추천 교육 자료 스냅샷(SNAPSHOT)을 통해 부모들이 필요로 하는 신앙 교육 자료들을 다양하게 제공한다. 팟캐스트는 북미에서 교육 리소스 형태로 많이 활용되고 있는 편인데, 영상 대신 음성으로 자녀 신앙 양육에 대한 방법들을 제공한다. 스냅샷은 자녀 신앙 양육을 위한 리소스 큐레이션(curation)이라고 볼 수 있는데, 오프라인과 온라인상에서 보급되고 있는 동화책, 웹사이트, 서적 등을 선별해서 소개한다.

부모들에게는 자녀 신앙 양육을 '어떻게(how) 할 것인가?'에 대한 도움뿐만 아니라 '어디서(where) 도움을 얻을 수 있는가?'를 아는 것도 의미가 있다. 그런 점에서 다양한 곳에 흩어져 있는 자녀 신앙 교육 리소스를 디지털 공간에서 엮어서 제공하는 것은 넓은 의미의 메타버스 속에서 이루어지는 디지털 부모 교육의 한 형태라고 할 수 있다.

새들백 페어런츠 외에도 라이프 교회의 부모 교육 리소스, 그리고 엘리베이션교회의 아동부(eKidz)에서 제공하는 부모 블로그(Parent Blog)도 이와 유사한 자료들을 제공한다.

이러한 플랫폼에서 배우는 사실은 부모의 역할이 자녀들이 주일 중심의 교회교육에 잘 참여하도록 돕는 일뿐만 아니라 가정에서 이루어지는 주중 신앙 교육에서도 중요하다는 것이며, 부모가 그 역할을 잘 감당할 수 있도록 도와야 한다는 점이다.

자녀를 곧 떠나보내야 할 시간입니다: 페어런트 큐

메타버스는 MZ세대만을 위한 공간이 아니다. 앞에서 살펴본 것처럼, 가정의 신앙 교육을 위해 부모들을 오프라인과 온라인을 통해 지속적으로 돕는 일은 그 어느 때보다 중요하다. 특히 디지털 문화에서 가장 핵심적인 위치를 차지하고 있다고 해도 과언이 아닌 매개체가 있는데, 바로 스마트폰이다. 스마트폰의 애플리케이션이 다양하게 개발되고 있는 가운데, 북미에서는 개발된 이래 많은 그리스도인 부모에게 사랑받고 있는 자녀 신앙 양육 애플리케이션이 있다. 페어런트 큐(Parent Cue)라는 애플리케이션이다.

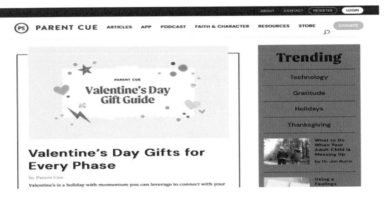

페어런트 큐 웹페이지

페어런트 큐는 미국의 리씽크 그룹(reThink Group)에서 개발했는데, 이곳은 교회와 가정 연계 교육을 위한 커리큘럼 개발 기관으로 잘 알려져 있다. "오렌지처럼 생각하라"(Think Orange)라는 모토로 교회와 가정이 함께 협력하여 다음 세대 신앙 양육에 힘쓰도록 돕는 이 기관은 페어런트 큐 애플리케이션과 웹사이트를 통해 자녀 신앙 교육 자료를 제공한다.

페어런트 큐의 특징은 교회를 매개로 부모들에게 신앙 양육에 대한 안내와 정보를 제공하는 것이 아니라, 부모들을 직접 대상으로 해서 자녀 신앙 교육 리소스를 제공한다는 점이다. B2C(Business-to-Consumer) 구조에서도 볼 수 있듯이, 부모들이 자주 활용하는 스마트폰의 애플리케이션을 통해 자녀의 신앙 양육 리소스를 매주 혹은 정기적으로 제공하여 지속적이고 의도적인 신앙 양육이 일어나도록 돕는다.

페어런트 큐는 스마트폰 애플리케이션과 웹페이지를 통해 각각 운영되고 있는데, 두 플랫폼이 지향하는 바는 같지만 그 활용 방식은 차이가 있다. 웹페이지를 통해서 제공되는 페어런트 큐는 앞서 살펴본 새들백 페어런츠와 유사한 자녀 신앙 교육 리소스를 제공한다.[17] 첫 화면에서는 자녀 신앙 교육에 관련된 주제들 가운데 최근 그리스도인 부모들로부터 가장 많은 관심을 얻고 있는 내용(Trending)을 제공한다.

예를 들면, 기술(technology), 감사(gratitude), 휴일/절기(holidays) 등의

주제를 다루는 경우, 이 플랫폼을 찾아오는 부모들이 현재 필요로 하는 내용뿐만 아니라 본 기관이 부모들에게 강조하고 싶어 하는 내용이 전면에 제공된다. 자녀들이 스마트폰과 인터넷에 많은 시간을 할애하는 것에 대해 부모들이 걱정하고 있지만, 동시에 그리스 도인으로서 감사하는 삶을 살도록 돕는 것 또한 자녀 신앙 양육에서 놓치지 말아야 할 점임을 환기시키는 것이다. 이외에도 자녀 가정 신앙 교육을 위한 블로그와 팟캐스트, 리소스 큐레이션 등의 내용을 제공하는 것은 새들백 페어런츠와 비슷하다.

한편, 페어런트 큐의 강점은 스마트폰 애플리케이션에 있다. 이 애플리케이션은 부모들이 매일 자신의 자녀 양육을 위해 묵상할 성경 말씀을 제공하고 또 구체적인 팁을 안내한다. 소위 맞춤형 애플리케이션으로서, 기능하게 만드는 원리는 의외로 간단하다. 앱을 다운로드받아 설치한 후 자녀의 이름과 사진, 그리고 생년월일을 입력하는 것이다. 매우 단순해 보이는 가입 절차이지만, 이후로 앱을 켤 때마다 가장 먼저 등장하는 문구가 부모들의 마음에 커다란 도전과 자극을 준다.

"당신의 자녀 ○○○가 당신의 품을 떠나기 전 앞으로 ○○주가 남았습니다. 기회를 놓치지 마세요!"

이 도전적인 문구는 부모들이 자녀를 신앙으로 양육하는 목적이 무엇인지를 분명하게 깨닫게 해 주는 역할을 한다. 부모가 자녀를 신앙으로 양육하는 이유는 그들이 그리스도의 장성한 분량이 충만한 데까지 이르도록(엡 4:13) 돕는 것이며, 이 일은 자녀가 고등학교를 졸업하고 부모의 품을 떠나갈 나이가 될 때까지 힘써야 한다는 점을 깨닫게 해 준다.

그래서 페어런트 큐 애플리케이션은 자녀를 가정에서 양육할 수 있는 기간을 만 18년으로 보고 936주 동안 자녀들을 말씀과 신앙으로 양육할 수 있도록 돕는다. 즉 자녀의 연령에 맞는 신앙 교육 팁을 제공하며, 부모가 자녀와 함께 한 주간 동안 영적 여정을 함께 거닐도록 돕는다. 이러한 신앙 양육 자료는 매주 4가지 내용으로 구성되어 있다. 성경 말씀, 암송 구절, 생각할 주제, 실천 등이다.

자녀의 이름
○○○ (○세)

말씀 읽기
너희 자신을 위해 가서 보라(눅 2:1-20).

기억하기
"이는 한 아기가 우리에게 났고 한 아들을 우리에게 주신 바 되었는데 그의 어깨에는 정사를 메었고 그의 이름은 기묘자라, 모사라, 전능하신 하나님이라, 영존하시는 아버지라, 평강의 왕이라 할 것임이라"(사 9:6).

생각하기

예수님은 이 세상을 변화시키기 위해 오셨습니다. 그분은 변화를 만들기 위해 오셨습니다. 이번 주에 우리는 또 하나의 친숙한 성탄절 이야기를 읽게 됩니다. 그리고 이 말씀을 통해 예수님이 가져오신 변화는 결코 작은 것이 아닌, 우리로 하여금 '주님의 선하심을 맛보아 알도록'(시 34:8) 우리를 도전하고 있음을 상기시킬 것입니다. 예수님은 우리가 주님과의 관계를 경험하기를 원하시며, 우리가 그분의 진리와 빛에 속해 있기를 명하십니다.

실천하기

성탄절 가족 행사를 할 시기입니다! 다음번에 당신의 십 대 자녀가 가족 모임에 참여할지, 말지 고민할 때 꼭 자녀가 참석하도록 격려하고, 또한 친구들도 초대할 수 있도록 해 주세요. 이는 관계를 형성하고 오랫동안 기억에 남는 추억을 쌓기에 좋은 기회입니다. 이렇게 격려하고 자녀에게 도움을 줌으로써 자녀에게 조언을 주고, 타인을 초대하며, 더 많은 대화를 이어 갈 수 있습니다.

자녀의 연령에 맞는 양육 지혜

"단지 과정일 뿐입니다."
고등학교 2학년인 당신의 자녀는 운동과 영양 섭취에 많은 관심을 갖고 있을지도 모릅니다. 다가오는 새해에 여러분이 자녀의 건강을 돕기 위해 어떤 목표를 가지고 있는지 함께 공유해 보세요.

당신의 자녀 ○○○가
당신의 품을 떠나기 전(대학 진학 혹은 사회생활을 시작하기 전)
앞으로 ○○주가 남았습니다. 기회를 놓치지 마세요!

현실 가상과 교회교육

많은 사람이 오프라인 경험과 온라인 경험의 차별성을 이야기한다. 그런데 오프라인 중심의 삶의 양식이 온라인 문화로 확장되는 것을 넘어서, 만일 온라인 경험이 오프라인의 삶의 형태를 바꾸어 놓는다면 어떤 일이 생길까? 그리고 이러한 일이 교회교육 현장에도 영향을 미치게 된다면 어떻게 반응해야 할까?

1999년부터 2021년 사이에 네 편의 시리즈로 제작, 개봉된 영화 "매트릭스"는 이러한 역전된 온·오프라인 경험을 상징적으로 보여주는 대표적인 작품이다. 우리가 살아가는 세상에서 디지털로 구현된 세계를 경험하는 것을 넘어서, 인간이 만든 확장 현실(eXtended Reality, XR) 세계가 오히려 인간의 삶을 재편한다는 영화적 구상은 더 이상 먼 나라 이야기가 아니다.

체코슬로바키아 출신의 미디어 철학자 빌렘 플루서(Vilém Flusser)는 이러한 상황을 가리켜 '현실 가상'(Real Virtuality)이라고 표현했다. 다음 세대를 비롯한 현대인은 미디어를 통해 매개되는 세상 속에서 많은 시간을 할애하며 살아가고 있다. 아침에 일어나면 스마트폰을 통해서 하루 일과와 뉴스를 접하고, 직장 혹은 학교에 가면 미디어를 통해 수많은 업무를 처리하거나 학업에 참여한다. 귀가하는 길에는 스마트폰을 통해 바쁜 일상으로 인해 미루어 두었던 드라마나 영상 클립을 챙겨 보고, 집에 돌아와서 자기 전까지 일상을 SNS에 기록하거나 채팅을 하는 것으로 하루를 마무리 짓는 삶의 반복이다. 미디어 속에 구현되는 아름답고 행복한 세상(혹은 반대)이 나의 일상이 되기를 꿈꾸는 사이, 현실 가상의 시대는 이미 우리 곁에 와 있음을 발견한다.

교회교육에 영향을 미치고 있는 현실 가상의 경험은 21세기에 접어들면서 국내외를 막론하고 빈번하게 발견할 수 있다. 가상 현실 혹은 확장 현실이라는 표현은 디지털 세계 속에 실재와 같은 공간 혹은 상상력으로 만들어 낸 새로운 세계를 구현하는 기술을 의미한다. 그런데 디지털 문화가 빠르게 확산됨과 동시에 2020년 초부터 본격적으로 시작된 코로나19 팬데믹이 교회교육 현장에 온라인 예배, 비대면 교육이라는 낯선 경험을 의도치 않게 가져왔다. 이러한 경험은 예배와 교육과 친교의 방식을 바꾸어 놓았을 뿐만 아니라, 온라인에서 통용되는 요소들에 의해 내용과 구성에도 많은 영향을 미치고 있다.

이제 메타버스에서 펼쳐지고 있는 교회교육 현장 사례를 보면서 우리는 고민하지 않을 수 없다.

'빠르게 변화하는 디지털 세상 속에서 우리 교회는 어떻게 지혜롭게 교회교육을 실천할 수 있을까?'

우리가 섬기고 있는 교회교육 현장을 돌아보면 왠지 뒤처지고 있다는 느낌을 받거나 경제적, 기술적 격차로 인해 낙담할 수도 있을 것이다. 하지만 지금까지 우리가 경험해 온 교회교육의 성패는 상황과 여건에 달려 있지 않다는 사실을 우리는 잘 알고 있다. 오히려 교회교육에 대한 열정과 방향을 상실했을 때 위기는 더 크게 다가온다. 또한 교회교육의 구체적인 실천과 프로그램 개발은 이를 떠받치는 튼튼한 원리와 방향이 선명할 때 가능하다. 마지막으로, 교회교육 현장을 새롭게 만드시는 분은 바로 하나님이심을 명심하고 참 교사이신 하나님께 철저히 의지하고 지혜와 용기를 구해야 한다.

다음 장에서는 교회교육 현장이 어떻게 메타버스를 지혜롭게 활용할 수 있을지에 대해 살펴볼 것이다. 기술적인 측면보다 더욱 중요한 것은 교회교육에 대한 분명한 방향성과 안목을 가지고 메타버스에 접근하는 것이다. '메알못'(메타버스를 알지 못하는 사람)에서 벗어나 어느 정도 메타버스에 대한 이해와 활용 경험을 가지고 있는 교회교육 지도자와 교사들이 공통적으로 고민해 보아야 할 요소들을 살펴보겠다.

메타버스 교회교육의 국내외 사례를 통해 메타버스 환경이 어떻게 활용되고 있는지를 살펴보았다. 이러한 사례들을 접하면서 교회교육 지도자들은 자신이 몸담고 있는 교회교육 현장에 메타버스의 요소들을 어떻게 적용할 수 있을지 궁금할 것이다.

메타버스가 교회교육의 확장된 교육 공간, 혹은 교육 환경으로 활용되기 위해서는 교회교육의 목적과 방향, 실천하고자 하는 내용과 방법을 이해할 필요가 있다. 이 장에서는 메타버스 교회교육을 위한 8가지 핵심을 살펴보고자 한다. 여기서 제안하는 핵심 실천들은 메타버스뿐만 아니라 오프라인 교회교육의 기초 영역(예배, 가르침, 친교, 봉사, 선교)에서도 필수적인 요소들이다.

한 가지 미리 밝히는 바는, 이 장의 목적은 교회교육 현장을 위한 메타버스 활용 매뉴얼을 제공하는 것이지만, 메타버스를 제공하는 다양한 플랫폼에 대한 활용법은 지면이 제약된 관계로 상세하게 기술하지는 않을 것이라는 점이다. 대신, 다양한 플랫폼을 사용해서 메타버스 교회교육 환경과 과정을 구축할 때 교회교육 지도자들이 염두에 두어야 할 방향과 핵심 실천을 소개하는 데 초점을 맞추었다.

메타버스 교회교육을 위한 8가지 핵심 실천

1. 예수 그리스도: 예수 그리스도를 메타버스 교회교육의 중심으로 삼으라

2. 균형: 올라인을 통해 온라인과 오프라인의 균형을 잡으라

3. 관계: 의미 있는 공동체와 만남을 경험하도록 도우라

4. 실재감: 하나님의 현존이 구현되는 교육적 실재감을 추구하라

5. 교육적 상상력: 보이는 것을 넘어 보이지 않는 의미를 상상하라

6. 말씀: 하나님 나라의 이야기와 우리의 이야기를 스토리 링킹하라

7. 예언자적 참여: 성경적 가치관과 분별력을 기르는 디지털 신앙 교육 리터러시
   를 갖추라

8. 선교적 교육: 새로운 땅끝으로 나아가는 제자로 삼으라

• 예수 그리스도: 예수 그리스도를 메타버스 교회교육의 중심으로 삼으라

메타버스 교회교육을 위한 가장 첫 번째 핵심 실천은 예수 그리스도를 중심으로 삼는 것, 즉 예수 그리스도 중심(Christ-centered)의 교회교육을 실천하는 것이다. 메타버스 교회교육은 일차적으로 기술적인 영역 속에서 실천되는 것을 의미하지만, 오프라인 세계와 동일하게 예수 그리스도를 중심으로 준비되고 실천되어야 한다. 사도 요한이 복음서를 집필한 목적과 그 중심이 예수 그리스도임을 분명히 밝혔던 것처럼(요 20:31), 오프라인과 메타버스 교회교육의 중심에서는 언제나 예수 그리스도가 고백되고 드러나도록 해야 한다.

특히 메타버스 속에서 디지털화된 다양한 신앙 교육 정보와 교육과정이 제공되고 실천되는 가운데 예수 그리스도 중심성이 약화될 가능성이 있음을 간과해서는 안 된다. 그 이유는 예수 그리스도가 경험과 참여, 이미지와 관계(EPIC)를 통해 신앙 교육의 주인공이 되시기보다는 자칫 디지털화된 이미지, 혹은 정보(예수 그리스도에 대한 단편적인 성경 지식)가 더욱 주목받을 수 있기 때문이다. 하지만 분명한 점은 예수 그리스도는 지금도 살아 계시고 역사하시는 주님이시라는 사실이다. 이는 메타버스 교회교육에서도 마찬가지다.

실천. 메타버스 교회교육에서 예수 그리스도의 자리 확인하기

예수 그리스도 중심의 메타버스 교회교육을 실천하기 위해서는 다음과 같은 질문들을 교육부 사역자, 교사, 부모, 그리고 어린이와 청소년들이 지속적으로 던지고 확인하는 것이 중요하다. 이것은 그 어떤 교육 계획이나 교육 프로그램 실천보다 우선 되어야 할 질문들이다.

- 교회교육 지도자들이 예수 그리스도의 복음을 중심으로 메타버스 교회교육의 방향과 교육 실천을 구상하고 있는가?
- 메타버스 교회교육 가운데 예수 그리스도는 어떻게 구현되시는가?
- 예수 그리스도 중심의 메타버스 교회교육을 통해 어린이와 청소년들이 예수 그리스도를 참 '생명'을 주시는 구세주로 '고백'하게 되는가?
- 예수 그리스도 중심의 메타버스 교회교육을 통해 어린이와 청소년들이 '기쁨'과 '변화'를 경험하게 되는가?
- 메타버스 신앙 교육 환경을 구축할 때 성육신적 교육에 적합한 디지털 플랫폼은 무엇이며, 그 플랫폼을 어떻게 활용할 것인가?

메타버스 교회교육을 위한 핵심 실천 1.

예수 그리스도 중심의 메타버스 교회교육

- 핵심과 성경적 원리: 메타버스 교회교육의 중심은 성육신하시고 참 생명을 주시는 예수 그리스도이심을 기억한다(요 20:31).
- 메타버스 교회교육을 위한 성찰과 질문
  - 메타버스 교회교육의 목표와 실천이 예수 그리스도를 중심에 두고 있는가?
  - 활용할 메타버스 플랫폼에서 어떻게 성육신적 교육을 구현할 것인가?
- 실천과 적용
  - 메타버스 교회교육을 디자인하고 실천하면서 지속적으로 예수 그리스도의 자리를 질문하기

메타버스 교회교육을 위한 두 번째 핵심 실천은 올라인(all-line)을 통한 균형 잡기다. 디지털 세상 속에서 살아가고 있는 MZ세대와 부모 세대, 그리고 교회교육 현장은 더 이상 온라인과 오프라인이 분리된 일상을 살아가지 않는다.

물론 교회교육의 목적과 상황에 따라 의도적으로 온라인 환경을 배제하거나(예를 들어, 자연 속에서 진행하는 말씀 캠프, 수도원 리트릿 등), 메타버스 중심의 교육 환경을 제공해야 할 수도 있다(예를 들어, 팬데믹 상황 속 비대면 예배 및 교육, 온라인 성지 순례 등).

하지만 올라인 교회교육은 앞서 메타버스 교회교육 원리(이 책 2, 3장)에서 살펴본 것처럼, 예수 그리스도를 중심으로 '하나님의 비전을 언제, 어디서나, 어떻게든' 구현하며 교회교육을 관통하는 핵심 요소의 교차 지점에 주목하는 것을 말한다. 그것은 마태복음 28장 20절에 기록된 예수 그리스도의 교육 선교 명령에 비추어 본다면, 세상 끝 날까지 어떠한 상황 속에서도 예수 그리스도가 가르치신 것을 모든 세대가 지키도록 가르치는 것을 의미한다.

메타버스를 오프라인 세상과 분리된 디지털 세계로 볼 것인지, 아니면 확장 현실, 혹은 혼합 현실(Mixed Reality, MR)로 볼 것인지에 대해 여전히 논의가 진행되고 있다. 하지만 분명한 사실은 메타버스로 대변되는 디지털 세계는 이미 교회교육 방법과 교육 과정 가운데 깊숙이 자리하고 있다는 것이다. 그렇다면 변하는 지형 속에서 다음 세대가 신앙적으로 건강하게 자랄 수 있도록 돕기 위한 교회교육 실천을 위해 던져야 할 질문은 이렇다.

"두 영역 사이에서 균형감을 어떻게 맞출 것인가?"

여기서 균형감에 관련해서 한 가지 기억할 중요한 사실이 있다. 그것은 오프라인과 메타버스 교회교육의 균형이 기계적인 균형을 의미하지 않는다는 것이다. 예를 들어, 오프라인과 메타버스 교회교육의 비율을 백분율로 환산해서 몇 대 몇으로 실천할 것인가를 따지는 것이 아니라는 말이다.

올라인 교회교육에서 균형감을 맞추는 일은 두 가지 초점을 가지고 있음을 기억하자. 하나는 "(올라인 교회교육을 통해) 어떻게 다음 세대가 전인적인 신앙 성장을 이루도록 도울 것인가?"(눅 2:52)이고, 또 하나는 "(올라인 교회교육을 통해) 어떻게 다음 세대가 교회와 세상 속에서 예수님의 말씀을 끝까지 지키며 살아가도록 도울 것인가?"(마 28:20)이다. 즉 균형 잡힌 올라인 교회교육은 언제, 어디서나, 어떻게든 예수 그리스도의 제자들이 그리스도의 장성한 분량이 충만한 데까지 이르도록 돕는 것이다.

그렇다면 올라인이 구현되는 메타버스 교회교육을 교회교육 현장에서 어떻게 구현할 것인가? 교회교육 현장에서 다음의 두 가지 실천을 참조해 보길 바란다.

실천 1. 균형 잡힌 올라인 교육목회 비전 세우기

미래의 교회교육은 오프라인 혹은 메타버스로 양분된 모습이 아닌 올라인 교회교육이 될 것이다. 올라인의 핵심 중 하나는 균형 잡힌 교육목회적 비전을 세우고 이를 토대로 신앙 교육을 디자인하는 것이다. 지금까지 메타버스와 교회교육의 논의가 기술적인 문제, 혹은 부가적인 프로그램 개발에 국한되어 진행되었다면, 앞으로는 미래 교회교육의 비전과 창조적인 모델 세우기에 집중해야 한다.

본 실천은 교회교육 지도자들이 함께 모여 현재의 교육 실천을 점검하고 균형 잡힌 올라인 교회교육을 디자인하기 위한 과정이다. 이를 위해서 교회교육 현장은 먼저 지금까지 교회교육 현장에 대한 이해와 반성, 그리고 새로운 도전에 대해 파악하는 것이 중요하다. 그리고 앞으로 어떤 토대 위에 올라인 교육목회를 실천할 것인지 확인하고 그 방향성을 구체화해야 한다. 그리고 이를 바탕으로 구체적인 교회교육 실천을 세워 가는 것이 필요하다(이를 정리하면 다음과 같은 과정이 될 것이다. 교회교육 현장 이야기 경청하기-교회교육 경험 해석하기-새로운 토대 다지기-구체적인 비전과 실천 모색하기).

〈예〉 올라인 교회학교 비전 세우기

• 교회교육 현장 이야기 경청하기
  - 사역 경험 경청하기: 다음 세대를 섬기고 있는 교역자, 교사, 봉사자, 부모 등이 함께 지금까지 교회 내 교육사역을 통해

맺은 열매와 어려움에 대해 이야기를 나눈다. 특히 디지털 시대에 찾아온 새로운 도전이 자신과 교회, 그리고 다음 세대에게 어떻게 경험되고 있는지를 나눈다.

- 입장 바꿔 생각하기: 교회교육 지도자들은 어린이와 청소년의 입장이 되어 교회학교를 바라볼 필요가 있다. '내가 만일 우리 부서 어린이(청소년)라면…' 등의 관점으로 교육목회의 영역들, 즉 예배, 성경 공부, 소그룹 모임, 봉사, 선교, 온라인 교육 콘텐츠 등을 통한 신앙 경험이 어떠할지 나누어 본다. 이 과정을 위해서 어린이와 청소년들에게 직접 온라인 설문지를 제시해 그들의 목소리를 듣는 것도 매우 좋다.

- 기초 이해 점검하기: 교회교육 현장이 마주하고 있는 새로운 기술적, 문화적 도전 중 상당 부분은 교역자 혹은 교사들에게 낯설 수 있다. 예를 들어, '메타버스', '증강 현실', '플랫폼', '게더타운', '아바타' 등 새로운 용어에 대해 선이해가 어떠한지 확인하지 않고 온라인 교회교육에 대해 이야기하는 것은 매우 어려울 것이다. 따라서 교역자와 교사들이 메타버스와 디지털 문화에 대해 어떠한 기초 이해를 가지고 있는지, 또 어떤 선입견이나 경험을 가지고 있는지 확인하는 과정은 필수적이다.

• 교회교육 경험 해석하기
  - 교회교육 경험 분석하기: 두 번째 과제는 앞에서 나눈 이

야기들의 이유를 확인하는 일이다. 모든 교회교육 실천에는 근거와 이유가 있다(예를 들어, 교육계획서, 평가회, 피드백 등). 특히 디지털 문화를 살아가는 MZ세대와 새로운 도전 앞에서 교회교육이 왜 현재의 교육 방식을 계속 이어오고 있고, 왜 온라인 영역으로 눈으로 돌리게 되었는지(혹은 주저하고 있는지) 나누어 본다. 만일 유튜브, 줌, 인스타그램, 카카오톡, 게더타운 등 다양한 플랫폼을 사용하고 있었다면, 왜 그러한 플랫폼을 선정했는지, 어떤 신앙 교육적 유익이 있었는지도 질문해 보는 것이 좋다.

- 교회교육 경험 해석하기: 앞에서 살펴본 영역 가운데 메타버스를 비롯한 디지털 및 온라인에 관련된 영역은 이에 대해 풍부한 이해를 가진 이들의 안내가 도움이 된다. 교회 내에 디지털 및 미디어 영역에 종사하는 성도 혹은 외부 전문가의 도움을 받으라. 심지어는 부서 내 어린이와 청소년들이 오히려 메타버스에 대한 전문적인 경험과 지식을 가진 경우도 있다. 소위 리버스 멘토링(reverse mentoring)과 같이, 젊은 세대가 특정 영역의 경험과 지혜를 기성세대와 공유하는 일이 이러한 과정에서 가능하다.

• 새로운 토대 다지기
  - 성경적, 교육적 토대 다지기: 성경 속에 메타버스와 디지

털 문화를 직접적으로 언급하는 내용은 당연히 찾기 어려울 것이다. 하지만 균형 잡힌 올라인 교육목회가 두 가지 초점(전인적인 성장과 세상 끝 날까지 예수 그리스도의 말씀을 따르도록 돕는 것)을 가진다는 점을 기억하며, 새로운 디지털 문화 속에 있는 올라인 교회교육을 향해 다음의 두 성경 본문을 읽고 질문에 대한 응답을 서로 나누도록 한다.

- 누가복음 2장 52절 (올라인 교회교육을 통해) 어떻게 다음 세대가 전인적인 신앙 성장을 이루도록 도울 것인가?

- 마태복음 28장 20절 (올라인 교회교육을 통해) 어떻게 다음 세대가 교회와 세상 속에서 예수님의 말씀을 끝까지 지키며 살아가도록 도울 것인가?

- 기술적 토대 다지기: 세상 끝 날까지 예수님의 말씀을 가르치는 일은 오프라인 교회교육에서 메타버스 공간까지 신앙 교육의 공간을 확대하는 일을 포함한다. 이를 위해 다음 세대 교역자와 교사들이 필요로 하는 도움이 무엇인지 확인하고 이를 위한 구체적인 방법을 나누어 본다.

• 구체적인 비전과 실천 모색하기

- 올라인 교회교육 비전 선언문 만들기: 앞의 세 과정을 통해 교회교육 현장에 대한 진단과 해석, 방향에 대해 살펴보았다면, 이제 올라인 교회교육을 위한 비전 선언문을 한두 문장으로 정리해 본다. (예: OO교회 청소년부는 세상 끝

날까지 교회와 가정, 세상과 미디어 공간 속에서 예수 그리스도의 말씀을 믿고 따르는 제자를 양육한다.) 비전 선언문을 만들 때 중요한 것은 한두 사람의 의견이 아니라 교육 공동체가 함께 합의하고 꿈꾸고 다짐하는 바를 각 단어 속에 포함시키는 일이다. 이를 바탕으로 구체적인 올라인 교육 실천 및 프로그램을 구상할 수 있다.

- 연령별 실천 모색하기: 미취학 어린이, 취학 어린이, 청소년 등 연령과 세대에 따라 올라인 교회교육 실천은 달라질 수 있다. 예를 들어, 영유아 · 유치 어린이들은 교역자와 교사, 부모의 친밀한 관계와 보살핌을 통해 하나님과 복음에 대해 배우기 시작한다. 하지만 교회 밖을 살펴보면 가정, 교회, 혹은 카페 등에서 연령이 낮은 어린이들이 이미 다양한 미디어 콘텐츠에 노출이 되어 있는 것을 어렵지 않게 발견할 수 있다. 그런 점에서 어떤 올라인 신앙교육 경험을 제공할까를 고민하는 것도 중요하지만, 어떻게 균형 잡힌 올라인 교회교육 실천을 제공할까를 고민하는 것이 선행되어야 한다. 이는 취학 연령의 어린이와 청소년도 마찬가지다(자세한 내용은 이 장 "예언자적 참여: 성경적 가치관과 분별력을 기르는 디지털 신앙 교육 리터러시를 갖추라" 부분을 참조하라).

실천 2. 올라인 교회교육을 위한 균형과 경계 찾기

메타버스 교회교육은 오프라인 교회교육 현장과 결코 별개로 생각할 수 없다. 메타버스를 통한 신앙 교육은 반드시 오프라인 교회교육 현장에서 강조하는 기초 영역들을 바탕으로 구성되어야 한다. 이를 위해 다음의 점검표를 교육부서에서 활용해 보도록 하자. 점검표는 교육 담당 교역자, 교사 및 어린이와 청소년들이 함께 기록하도록 안내하면 좋다.

- 교육부서에서 현재 활용하고 있는 방식을 다음 표에 +, -, 0으로 표시한다: +는 비중이 높음, -는 비중이 낮음, 0은 한 번도 시도된 적이 없음.
- 교육부서에서 앞으로 보완해야 할 방식을 +, -, 0으로 표시한다: +는 비중이 높음, -는 비중이 낮음, 0은 한 번도 시도할 계획이 없음.
- 각각의 결과를 부서에서 함께 나누고, 부서에서 강조하는 교육 목적과 실천에 얼마나 부합되는지 살펴본다. 어린이와 청소년들의 신앙 교육을 위해 보완할 점과 구체적인 실천 및 프로그램에 대해 논의한다.

슬기로운 메타버스 교회학교

교회교육의	현재		보완할 점		
영역	오프라인	메타버스	오프라인	메타버스	구체적인 실천 및 프로그램
예배					
친교/공동체					
성경 교육					
봉사					
선교					

메타버스 교회교육을 위한 핵심 실천 2.
균형 잡힌 올라인 메타버스 교회교육

- 핵심과 성경적 원리: 언제 어디서나 함께하시는 예수님의 가르침을 지키도록 돕는다(마 28:20).
- 메타버스 교회교육을 위한 성찰과 질문
  - 디지털 문화 속에서 올라인 교회교육의 기초 영역은 무엇인가?
  - 오프라인 교회교육과 메타버스 교회교육을 상호 보완적으로 실천하기 위한 방법은 무엇인가?
- 실천과 적용
  - 균형 잡힌 올라인 교육목회 비전 세우기
  - 올라인 교회교육 현장을 위한 점검과 평가

메타버스 교회교육을 위한 세 번째 핵심 실천은 믿음 안에서 관계를 형성하고 공동체를 세우도록 돕는 것이다. 오프라인 교회 현장이 가지고 있는 어려움 중 하나는 매우 제한된 시간(보통 주일 1시간)에 예배와 가르침이 실천되는 가운데, 친교의 요소가 약화된다는 점이다. 서로의 이름을 알고, 기도 제목을 공유하며, 다윗과 요나단 같이 믿음의 우정을 쌓기에 교회교육 현장은 시간적, 공간적 제약이 많은 것이 현실이다. 그런 점에서 시간과 공간의 제약을 극복한 메타버스 공간은 오히려 믿음의 공동체가 지향하는 친교를 좀 더 두텁게 형성할 수 있도록 돕는다는 장점이 있다.

물론 메타버스는 디지털 기술을 매개로 형성되는 공간이기에, 자칫 피상적인 만남이 이루어지거나 자신을 감추는 공간이 될 수도 있다. 하지만 MZ세대에게 이 공간은 오히려 친숙한 공간이기도 하거니와, 그들은 이곳에서 다양한 사람들과 관계를 맺는 데 큰 어려움을 느끼지 않는다. 그렇다면 교회교육 지도자들은 메타버스 속에서 '이미 그곳에 있는' MZ세대가 어떻게 의미 있는 믿음의 관계를 형성하도록 도울지를 고민해야 한다.

실천 1. 디지털 소그룹의 다이내믹 활용하기

메타버스 공간은 시간의 제약을 뛰어넘는 장점을 가진 동시에, 참여자들이 자신에 대해 제공하는 다양한 정보를 바탕으로 관계적인 역동성을 형성할 수 있다는 강점도 있다.

예를 들어, 게더타운 혹은 줌과 같이 쌍방향 소통을 강조하는 플랫폼은 다수가 참여하는 환경을 제공하기도 하지만, 소수 참여자의 얼굴과 목소리를 확인할 수 있다는 장점을 제공한다. 또한 제페토나 이프랜드와 같은 플랫폼은 자신의 아바타를 다양하게 꾸밀 수 있는데, 자기 취향을 따라 아바타를 꾸밀 수도 있지만 공동체 구성원들이 약속을 정해서 자신의 취향뿐만 아니라 현재 상황과 믿음의 상태, 공동체 내에서 자신의 기대, 하나님이 주신 소명을 반영한 모습 등을 표현할 수도 있다. 이러한 과정을 통해 평소 오프라인에서의 만남과 교육 실천 가운데 드러나지 않았던 다음 세대 참여자들의 영적인 상황이나 소속감에 대한 바람 등이 잘 드러나는 기회를 마련할 수도 있다.

각 참여자들 중에 기질과 성향에 따라서 오프라인 공동체에 적극적으로 참여하는 이들이 있는가 하면, 정반대의 모습을 보이는 이들도 있다. 그럴 때 메타버스 공간이 다음 세대에게 먼저 다가가는 환대(hospitality)를 보여 주는 것은 어떨까? 자신들을 향해 닫힌 공간이 아니라, 마음을 열 수 있는 개방된 공간이 제공되었다는 사실을 발견할 때 메타버스 공간에 참여하는 어린이와 청소년들은 오프라인 교회교육 공간에서도 좀 더 마음을 열고 다가올 것이다.

예를 들어, 게더타운에서 활용할 수 있는 간단한 예시는 다음과 같다.

- 로그인을 하면 처음 들어오는 입구(entrance)에 따뜻한 환영 인사와 이미지를 정기적으로 제공하기(예를 들어, "우리 ○○반은 언제나 너를 사랑해!", "예수님은 언제나 너와 함께 계셔!" 등)
- 게시판(bulletin) 오브젝트에 소그룹의 이름을 기록하고 함께 찍은 사진을 업로드해서 사진방 꾸미기
- 교사나 참여자들의 짧은 인사, 혹은 일상을 담은 브이로그를 동영상 게시판에 올리고 공유하기

실천 2. 한 사람을 배려하는 교육 환경 마련하기

메타버스 공간에 참여자들이 자신의 이름을 확인하고 초개인화된 공간을 꾸미기 위한 장치를 마련한다면, 그들이 메타버스 신앙교육에 보다 의미 있게 적극적으로 참여할 수 있도록 도울 것이다.

예배와 성서 학습은 보통 대그룹, 혹은 소그룹의 형태로 이루어진다. 그런데 이러한 그룹 형태의 교육이 집단적인 교육, 즉 개별 참여자의 교육적 필요와 학습 동기, 참여가 고려되지 않은 교육을 의미하지는 않는다. 오히려 메타버스 교회교육의 장점 중 하나는

참여하는 어린이와 청소년 개개인을 배려하고 그들에게 집중할 수 있는 방법을 다양하게 제공한다는 점이다.

예를 들어, 이프랜드나 게더타운에 각 참여자를 위한 특별한 상호 작용 오브젝트를 설치하여 그곳에 교사, 혹은 친구들이 메시지를 남기는 방법이 있다. 게더타운을 예로 들면, 노트를 남길 수 있는 부케(Bouquet) 오브젝트를 지정된 장소에 설치하고, 그곳에서 자신만을 위한 메시지를 보게 할 수 있다.

교사, 혹은 교역자가 참여자의 이름을 넣어 "하나님의 사명자, ○○○에게"로 시작되는 짧은 글을 남기거나, 게시판 오브젝트에 그 학생에게 들려주고 싶은 유튜브 찬양 영상 링크를 연결하는 일도 가능하다.

한 사람을 배려하는 교육

이와 같이 참여자 각 사람을 배려하는 교육 활동 중 비밀 친구(마니또) 게임을 떠올리면 이 점을 이해하기가 쉬울 것이다. 자신에게 선물이나 축복의 메시지를 전달한 사람이 누구인지 알 수는 없지만, 상대방의 마음이 담긴 선물과 격려 메시지를 주고받는 활동이 메타버스 환경 속에서 가능하다. 이러한 활동은 오프라인 교회교육 현장에서 어려움을 겪던 관계 형성을 원활하게 돕는 장치로 활용될 수 있다.

메타버스 교회교육을 위한 핵심 실천 3.

의미 있는 관계를 세우는 관계적 메타버스 교회교육

- 핵심과 성경적 원리: 예수 그리스도를 중심으로 관계 형성을 하도록 돕는다(롬 12:5).

- 메타버스 교회교육을 위한 성찰과 질문

- 예수 그리스도를 중심으로 한 진정한 공동체와 관계 형성을 고려하는가?

- 쌍방향 소통과 관계 형성을 위한 메타버스 기술을 고려하고 있는가?

- 실천과 적용

- 디지털 소그룹의 다이내믹 활용하기

- 한 사람을 배려하는 교육 환경 마련하기

• 실재감: 하나님의 현존이 구현되는 교육적 실재감을 추구하라

메타버스 교회교육이 고려해야 할 네 번째 핵심 실천은 하나님

의 현존(presence)이 구현되는 교육적 실재감을 제공하는 것이다. 메타버스가 과거에 개발된 디지털 기술보다 더욱 주목을 받는 이유는 이전과는 비교할 수 없는 '실재감'을 제공하기 때문이다. '실재감'은 영어로 'presence'인데, 이 용어의 사전적 정의는 "그려진 물건이 실물인 듯한 느낌"(표준국어대사전), "글이나 영상물 따위에 표현된 대상이 마치 실제의 물체나 인물인 듯한 느낌", "실제의 사물이 보다 생생하고 구체적으로 인식되는 느낌"(고려대 한국어대사전)이다.

실재감은 예술, 혹은 문학 작품에서 어떤 사건이나 이야기를 독자들(청자들)이 마치 실제로 경험하는 것과 같은 느낌을 제공할 때 사용된 개념이다. 디지털 기술이 급속도로 발전하면서 메타버스에서 가상 현실과 증강 현실을 통해 실재감을 더욱 높일 수 있게 되었고, 한 걸음 더 나아가 혼합 현실과 확장 현실을 통해 현실 세계를 마치 경험하는 것을 넘어서 초현실적 경험까지 제공하는 기술이 계속 소개되고 있다.

메타버스에 대한 관심이 높아짐에 따라 교회교육 현장에서도 실재감 형성에 많은 관심을 갖게 되었다. 그런데 교회교육 현장에서 이 '실재감'은 또 다른 의미로 해석될 수 있다는 점을 염두에 두어야 한다. 우리가 '하나님의 임재 혹은 현존'(the presence of God)이라는 말을 사용할 때 이 실재감의 의미가 연관된다.

즉 이스라엘 백성이 불 기둥과 구름 기둥으로 하나님이 그들을 보호하시며 동행하심을 경험한 것처럼(출 13:21-22), 교회교육의 실재감은 하나님이 신앙 교육 현장 가운데 함께하심을 고백하고 경험하는 것을 중심으로 삼는다. 여기에 덧붙여, 사랑으로 엮인 신앙 공동체에 참여하는 실재감(고전 12:1-27), 하나님의 말씀이 살아 역사하는 것을 경험하는 실재감(히 4:12), 하나님의 백성으로서 말씀대로 살아가는 실천에 참여하는 실재감(약 1:25), 그리고 하나님이 주신 소명을 분별하며 살아가기로 다짐하고 참여하는 실재감(고전 7:24) 등 5가지 실재감 형성을 돕는 것이 교회교육의 목적이다.

그런데 안타까운 사실은, 교회교육 현장에서 이 5가지 실재감 형성이 위기를 맞이하고 있다는 점이다. 교회교육 현장에서 하나님의 살아 계심을 고백하고 증거하는 예배가 시들해지고, 예수 그리스도의 몸 된 교회로서 하나님의 말씀과 실천과 부르심에 대한 확신이 약해지고 있지는 않은지 우리는 자문해 보아야 한다. 그리고 이는 메타버스 교회교육을 구상할 때도 동일하게 고려되어야 한다.

교회교육의 5가지 교육적 실재감 형성

1. 하나님 신앙에 대한 실재감 형성(출 13:21-22)
2. 공동체, 관계성에 대한 실재감 형성(고전 12:1-27)
3. 말씀에 대한 실재감 형성(히 4:12)
4. 실천에 대한 실재감 형성(약 1:25)
5. 소명에 대한 실재감 형성(고전 7:24)

메타버스 교회교육 현장에서 하나님의 임재와 공동체, 말씀과 실천, 소명의 실재감을 회복하기 위한 방법은 무엇인가?

가장 먼저 떠오르는 방법은 아마도 지역 교회의 건물 혹은 부서실을 그대로 옮겨 놓는 일일 것이다. 우리 교회와 동일한 외관, 동일한 강대상과 의자 배치, 동일한 바닥 색깔 등을 메타버스 공간 안에 구현하는 것이다. 교육 환경뿐만 아니라 예배 순서, 성경 공부 방식도 모두 동일한 방식을 실천하는 것을 생각해 볼 수 있다.

그런데 신앙 교육에서 말하는 실재감은 무조건 오프라인 현장과 동일하게 만드는 것을 의미하지 않는다. 즉 복사(copy)는 진정한 실재감으로 이어지지 않는다는 의미다. 거울 세계가 현실 세계를 그대로 옮겨 놓거나 확장한 세계를 의미하긴 하지만, 교회교육을 위한 메타버스의 경우 디지털 환경의 특성을 고려하지 않은 채 오프라인의 교육 환경과 실천을 그대로 옮겨 놓는다면 어려움이 발생할수 있다.

이를 위해 두 가지를 주의해야 한다. 첫째, 신앙 교육 실재감 형성을 위해서는 오프라인 환경을 똑같이 구현하는 것이 아니라, 특징과 장점을 살리되 단점은 보완할 때 더욱 효과적이다. 예를 들어, 현재 오프라인 교회교육 환경이 매우 협소하고, 매우 오래된 장의자와 어두운 조명인 데다 영상과 음향 장비가 매우 열악하다고 상상을 해 보자. 신앙 교육 실재감이라는 것이 이러한 환경을 메타버스 공간에 그대로 옮겨 놓는 것이 아니라는 사실을 금방 깨닫게 될

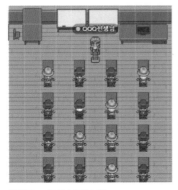

일방향 교육이 이루어지는
교실을 구현한 장면

것이다.

둘째, 메타버스 교회교육의 실재감 형성을 위해서는 기존의 신앙 교육 방법과 내용의 목적과 장점을 부각시키되, 한계와 문제점은 보완해야 한다. 예를 들어, 현재 교회 부서실에 최신식 개별 의자가 마련되어 있고, 최첨단 미디어 환경이 갖추어져 있다고 가정해 보자. 하지만 바둑판과 같이 의자는 앞 방향만 향하고 있고, 참여자들이 서로 소통하거나 다양한 경험을 할 수 있는 활동을 제공하지는 않는 성서 학습이나 교육 프로그램을 메타버스상에서 그대로 구현한다면 참여자들은 어떤 경험을 하게 될까? 이는 MZ세대에게 매력적인 교육적 실재감보다는 거리감을 느끼게 할 수 있다. 따라서 메타버스 공간에서 실천하는 신앙 교육은 사랑과 열린 마음을 가지고 창조적인 실천이 되도록 해야 한다.

실천 1. 의미 있는 신앙 교육 공간 창조하기

신앙의 실재감을 형성하는 메타버스 교회교육 실천 중 하나는 앞서 살펴본 교회교육의 5가지 교육적 실재감 형성이 의미 있게 구현

슬기로운 메타버스 교회학교

된 공간을 창조하는 일이다. 디지털 세계 속에 구현된 메타버스는 매력적인 요소를 끊임없이 개발하고, 이를 사용자들에게 제공하고 있다. 하지만 신앙 교육에서 더욱 중요한 것은 '공동체 구성원들에게 얼마만큼 의미 있는 신앙 경험을 제공하는가?'라는 사실임을 기억하자. 그런 점에서 교육부서에서는 다음과 같은 질문들을 통해 의미 있는 실재감을 제공하는 메타버스 신앙 교육 환경을 마련해야 한다.

- 메타버스에서 구현하고자 하는 신앙 교육 공간이 하나님이 우리 공동체와 함께하심을 고백하고 경험할 수 있도록 돕고 있는가?
- 교육 공간이 직선 중심으로 구성된 사각형 공간인가(일반적인 교실형 구조), 아니면 곡선을 포함한 원형, 혹은 다양한 비정형 형태의 공간인가(창조적인 구조)?
- 교육 공간에 배치된 의자, 책상, 집기 등이 가르치는 교사의 관점으로 구성되어 있는가(예를 들어, 일렬로 배치된 교실 형태), 아니면 신앙 교육 현장에 참여하는 구성원들을 배려한 배치로 구성되어 있는가(예를 들어, 원형, 혹은 소그룹이 강조된 공간, 이동식 공간)?
- 신앙 교육의 목적과 방식이 무시된 메타버스 교육 공간인가 (예를 들어, 강의형에 적합한 형태로 이루어진 공간만으로 구성), 아니면

교육의 목적과 다양한 방법이 고려된 공간인가(상호 작용 오브젝트와 참여형 플랫폼을 고르게 배치한 공간)?

- 처음 참여하는 사람들이 활용하기 어렵고 복잡한 공간인가, 아니면 공간 배치가 참여자들을 배려하고 친절하며 환대를 표현하는 공간인가?

이 질문들은 어떤 메타버스 플랫폼을 활용하더라도 적용할 수 있으며, 심지어 오프라인 교회교육 현장에서도 대부분 그대로 적용할 수 있다. 이 질문들 외에 교회교육 현장에서 교사들과 참여자들이 함께 더 좋은 메타버스 교육 공간을 만들기 위해 논의하는 과정 또한 관계를 중시하는 신앙 교육 과정의 일부가 될 수 있다.

실천 2. '교사 실재감' 형성하기

앞서 소개한 5가지 교육적 실재감에서 촉매 역할을 하는 것은 바로 교사다. 교회교육 현장에서 교사가 먼저 하나님과 동행하고, 하나님의 말씀을 믿고 따르며, 자신의 소명에 충실할 때 오프라인과 메타버스 교회교육 현장에서 '교사 실재감'을 나타낼 수 있게 된다.[1]

특히 메타버스와 같은 온라인 환경이 고려된 신앙 교육 현장에서는 교사 실재감이 매우 중요하다. 왜냐하면 실제 현장에서 만나서 얼굴을 마주하고 눈 맞춤을 하는 상황이 아니기 때문이다. 디지털 환경을 매개로 해서 모이는 메타버스 공간에서 자칫 교사는 정보 제공자, 혹은 아예 디지털화된 정보 자체에 머무를 수 있다. 메타버스 공간에서 예수 그리스도의 사랑으로 참여자들을 돌보고 안내하며, 그들의 영적 성장을 촉진시키는 역할을 감당하기 위해서는 기도와 많은 노력이 필요하다.

이를 위해서 교사는 줌, 혹은 게더타운과 같은 쌍방향 참여형 플랫폼에서 보다 친절한 사랑과 관심을 표현할 수 있는 방법을 모색할 필요가 있다. 가령, 교사가 줌을 통해 소그룹 제자 훈련이나 성경 공부를 진행할 때는 참여한 각 사람의 이름을 부르며 적극적으로 그들의 참여를 격려하는 것이 좋다. 다음과 같이 참여자를 격려할 수 있다.

"○○(이)가 오늘 그 어느 때보다도 밝은 표정으로 줌 제자 훈련에 참여해서 너무 보기가 좋아요. 다 함께 ○○(이)를 위해 손가락 하트를 만들어서 축복해 주세요."

"우리가 창세기 1장의 천지창조 이야기를 나누는 중에 ○○(이)가 너무나도 아름다운 지구 사진을 검색해서 공유해 주었어요. 덕분에 친구들이 하나님이 만드신 아름다운 세상에 대해 생각할 수 있었어요."

교회교육 현장에서 봉사하고 있는 교역자들과 교사들이 빠르게 변화하는 디지털 세계에 힘겹게 적응하고 있으리라 짐작된다. 하지만 디지털 원주민으로서 메타버스에 익숙한 MZ세대가 하나님을 사랑하고 자신의 신앙을 고백하며 말씀대로 살아가기로 다짐하도록 돕는 것은 디지털 기술 자체가 아닌, 예수 그리스도를 닮은 교사의 실재감임을 명심하기 바란다.

메타버스 교회교육을 위한 핵심 실천 4.
교육적 실재감이 살아 있는 메타버스 교회교육

- 핵심과 성경적 원리: 사랑과 소통을 구현하는 성육신적인 교육적 실재감을 구현한다(요 1:14).
- 메타버스 교회교육을 위한 성찰과 질문
  - 성육신적 관점으로 교육 리더십을 세우는가?
  - 현실 구현을 넘어서 기독교적 비전과 건강한 교육 방향을 구현하고 있는가?
- 실천과 적용
  - 실재감을 구현하는 의미 있는 신앙 교육 공간 창조하기
  - 그리스도의 마음을 품은 교사가 되기 위한 교사 실재감 증진하기

• 교육적 상상력: 보이는 것을 넘어 보이지 않는 의미를 상상하라

메타버스의 가장 큰 장점은 보이는 것을 넘어서 보이지 않는 영역까지 상상력을 더해 볼 수 있도록 돕는다는 데 있다. 교회교육에서 말하는 교육적 상상력은 교회교육 전체를 조망하는 상상력과 신앙 교육에 참여하는 이들이 활용하는 상상력 모두를 의미한다. 디지털 문화와 코로나19 팬데믹은 우리로 하여금 여러 가지 어려움에 직면하도록 이끌었지만, 동시에 메타버스 영역으로 확장 가능한 교육적 상상력을 키우도록 도왔다.

성경 속에 나타난 교육적 상상력의 예를 살펴보면 다음과 같다. 요한복음에서 예수님은 자신을 생명의 떡(요 6:48), 세상의 빛(요 8:12), 길과 진리와 생명(요 14:6), 참 포도나무(요 15:1) 등 다양한 상징을 통해 설명하셨다. 또한 예수님의 십자가 사건 후 두 제자가 엠마오로 가는 길에 부활하신 주님을 만나고 이후 떡을 나누었던 사건(눅 24:30-31)은 오병이어 사건(마 14:14-21)과 마지막 만찬(마 26:26-28)과 더불어 떡을 떼며 하나님의 은총을 드러내는 또 다른 강력한 상징 교육의 예를 보여 준다.

오늘날 교회교육 현장에서 활용하는 상징물들, 가령 십자가, 강단 스톨(stole), 배너 등은 시각적인 상징성을 넘어 그 속에 담겨 있는 성경 이야기와 신학적 의미, 또한 관련된 믿음의 사건 등을 떠올릴 수 있도록 돕는다. 상징 교육은 오프라인 현장뿐만 아니라 메타버스 신앙 교육 공간에서도 새로운 신앙적 상상력을 불러일으킬 수 있다. 게다가 메타버스 속 가상 현실과 증강 현실은 성경 이야기를 더욱 풍성하게 경험할 수 있도록 돕는 기술적 환경을 제공한다. 최근 개발되고 있는 다양한 메타버스 플랫폼은 교회교육 현장에서도 어렵지 않게 활용할 수 있다.

그렇다면 메타버스 교회교육을 위한 교육적 상상력을 어떻게 구현할 수 있을지, 구체적인 실천 사례를 살펴보도록 하자.

실천 1. 상징과 성화를 통한 메타버스 교회교육 구현하기

상징(symbol), 혹은 성화(聖畫)는 메타버스 교육 현장에 참여하는 이들의 신앙적 상상력을 불러일으킬 수 있다. 보통 상징물은 예배당 혹은 부서실에 마련되어 있기 때문에, 주일 예배를 통해 상징 교

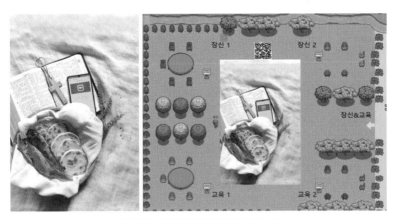

게더타운에서 상징 이미지를 활용한 교육

육이 이루어지곤 한다. 이는 절기 교육과 성례 교육 등에서 잘 나타난다. 예를 들어, 예수님의 수난과 부활의 의미를 새기는 사순절(四旬節, 재의 수요일부터 부활주일 전까지 주일을 뺀 40일의 절기)에는 보라색(참회, 기다림, 예비를 상징)과 십자가, 가시 면류관, 종려나무 가지 등을 통한 상징 교육이 이루어진다.

게더타운이나 이프랜드와 같은 플랫폼, 또는 SNS와 카카오톡 단톡방에 상징물 이미지를 공유하고 그 의미와 연계된 성경 이야기, 신앙생활 속의 의미 등을 나눌 수 있다. 뿐만 아니라 디지털 공간에서 상징을 이용한 신앙 교육은 시간과 공간의 제약을 받지 않는다는 장점이 있기에, 기독교 절기를 보내면서 지속적인 신앙 교육이 가능하도록 도울 수 있다.

성화를 활용하는 교육도 마찬가지다. 예를 들어 네덜란드 출신의 화가 렘브란트(Rembrandt van Rijn)의 "돌아온 탕자"(1668-1669년작)를 통해 누가복음 15장에 나타나는 잃어버린 영혼을 향한 하나님 아버지

(좌) 렘브란트의 "돌아온 탕자" / (우) 브뤼헐의 "바벨탑"

의 마음에 대한 교육을 계획하거나, 피터르 브뤼헐(Pieter Bruegel)의 "바벨탑"(1563년작)을 통해 창세기 11장에 나타나는 인류의 죄와 타락에 대해 성경 공부를 진행하는 경우를 생각해 보자.

증강 현실과 가상 현실 기능을 이용해 성경 이야기를 담은 유명한 성화를 성경 공부에 활용할 수 있는 방법이 있다. 바로 구글의 아트 프로젝트(Google Art & Culture) 플랫폼을 이용하는 방법이다. 이 플랫폼은 구글과 파트너를 맺고 있는 전 세계의 미술관들이 제공하는 고해상도 미술 작품을 쉽게 검색하는 서비스를 제공한다.

먼저, 플랫폼에 접속한 후 화가 혹은 작품 이름을 입력하여 검색해 원하는 작품을 화면에 띄운다. 그 후 해당 그림 아래 '증강 현실로 보기' 버튼을 누르면 마치 사용자가 있는 공간에서 그 작품을 보는 것과 같은 증강 현실 경험을 제공한다(스마트폰 전용). 또한 PC를 이용하거나 스마트폰에 '구글 아트 앤드 컬처' 앱을 설치한 후 해당 작품에서 '스트리트 뷰 보기'를 선택하면 마치 유명한 미술관에 직접 방문해서 해당 작품을 감상하는 것과 같은 경험을 제공하는 가상 현실 투어도 가능하다.

성화 중 공유 저작물(public domain, 저작권 보호 기간이 만료된 작품들)을 손쉽게 검색하여 고해상도의 사진과 명화를 다운로드해서 활용할 수 있는 방법도 있다. 위키미디어 커먼스(Wikimedia Commons)가 이러한 서비스를 제공한다. 이곳에서는 약 8천 점의 고해상도 사진과 명화들을 손쉽게 검색할 수 있는데(2022년 1월 기준), 게더타운과 같은 체험형 플랫폼에서 이러한 성화를 활용하면 다음 세대를 위해 좀 더 풍성하고 의미 있는 교육 묵상과 제자 훈련 등을 진행할 수 있다. 이처럼 게더타운과 같은 체험형 메타버스 플랫폼의 장점을 활용한다면 상징과 성화를 활용한 신앙 교육을 더욱 풍성하게 할 수 있다.

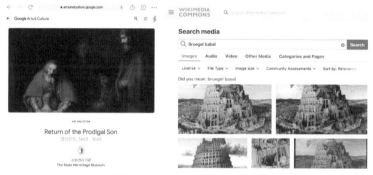

(좌) 구글의 아트 프로젝트 / (우) 위키미디어 커먼즈

여기에서 소개하는 두 가지 방법은 오프라인 신앙 교육 공간에서는 경험하기 어려운 특별한 장점을 가지고 있다.

첫째, 상호 반응형 오브젝트를 활용하는 방법이다. 이 방법은 메타버스 속에 성서 학습 공간을 마련해 놓고 학습자들이 다양한 상징이나 성화를 탐색하고 활용할 때 유용하다. 예를 들어, 오병이어 사건(마 14:14-21)에 대한 이야기를 나눌 때 게시판 오브젝트를 설치하고 '물고기 두 마리와 떡 다섯 개, 성경과 스마트폰' 사진 자료를 연결시켜 놓으면, 참여자들이 게시판에 접근해서 그 사진을 열어 볼 수 있다.

둘째, 공간 자체를 상징물로 장식하는 방법이다. 예를 들어, 앞서 활용한 사진 자료를 게더타운 공간 전체의 바닥(floor)처럼 추가해 놓으면 자신의 아바타가 마치 상징물 속에 있는 듯한 경험을 하게 할 수 있다. 즉 상징과 성화가 교구(敎具)로서뿐만 아니라 교육 환경이 되는 것이다. 또한 여러 사람이 함께 상징물을 자세히 살펴보면서 그 의미를 공유하고 새길 수도 있다. 이는 공동체가 함께 상상력을 활용하여 신앙 교육에 참여하도록 돕는다.

메타버스 참여자들을 상징과 성화를 이용한 메타버스 공간에 초대해 다음과 같은 상징 교육 활동을 활용할 수 있다.

- 상징과 성화를 다양한 방식으로 묵상할 수 있도록 충분한 시간을 갖기(하루 혹은 한 주간 묵상 가능)
- 다양한 방식으로 상징과 성화를 관찰하고 의미 새기기
  - 성화를 확대하거나 축소해서 보기(특히, 성화의 경우 더욱 효과적이다)
  - 상징의 질감을 상상해 보기(예를 들어, 가시 면류관, 나무 십자가, 못 등)
  - 절기 색(보라색, 흰색, 빨간색, 초록색 등)의 느낌을 떠올려 보기
- 패들렛(Padlet)과 같은 오브젝트를 연결해서 소그룹이 묵상한 내용을 각자 기록하게 하고 함께 공유하기

슬기로운 메타버스 교회학교

실천 2. 카드보드 VR을 활용한 광야 생활 체험하기

간단한 코딩을 통해 가상 현실을 경험할 수 있도록 돕는 애플리케이션을 활용하면 교회교육 현장에서 교육적 상상력을 자극하여 참여자들이 흥미롭게 교회교육에 참여하도록 도울 수 있다. 예를 들어, 코스페이시스 에듀(https://www.cospaces.io/edu)는 가상 현실 및 증강 현실을 손쉽게 제작할 수 있도록 돕는 웹 기반 프로그램이다. 이 프로그램은 실제로 교육 현장에서 활용되고 있으며, 초등학생들도 손쉽게 따라 제작할 수

코스페이시스 에듀 홈페이지

있다는 장점이 있다. PC와 태블릿PC를 사용해 코딩을 간단하게 할 수 있으며, 스마트폰을 활용한 카드보드(cardboard) VR을 활용하여 가상 현실과 증강 현실을 경험할 수도 있다. VR 기기의 경우 고가의 제품도 있지만, 교회교육 현장에서 활용할 수 있는 저가의 카드보드(두꺼운 종이) VR을 제작하는 것은 생각보다 어렵지 않으며, 1만 원 이하의 저렴한 카드보드 VR 구입도 가능하다.

코스페이시스 에듀를 활용하여 성경 이야기의 장면들을 구성하는 방법이 있다. 예배나 성경 공부에서 교역자, 혹은 교사가 제공하는 성경 이야기의 그림을 평면적으로 보는 것이 전통적인 방식이라

면, 성경 이야기의 장면을 참여자들이 직접 상상하고 만들어서 그 공간을 체험하는 것이 이 방식의 특징이다.

예를 들어, 오병이어 사건(마 14:14-21)을 가상 공간 속에 구현해 보는 과정을 간단히 소개하면 다음과 같다.

준비 **코스페이시스 가입 및 계정 생성, 스마트폰, 카드보드 VR, 성경책**

- 참여자들과 함께 마태복음 14장 14-21절을 읽는다.
- 다음 질문들을 통해 오병이어 사건이 펼쳐진 상황을 상상해 보도록 돕는다.
  - "성경 이야기가 펼쳐지는 장소는 어떤 곳인가요? 이 장소는 어떤 모습일지 상상해 보세요." (예를 들어, 빈 들, 모래와 자갈이 가득한 곳, 나무와 풀이 거의 없는 곳, 흩어져 있는 바위, 집이나 상점이 없는 곳, 뜨거운 햇빛 등)
  - "성경 이야기 속에 등장하는 인물들은 누구인가요?" (예를 들어, 예수님, 제자들, 배고픈 남녀노소의 사람들 등)
  - "이곳에서 어떤 일이 일어나고 있나요? 이곳에 있는 사람들의 상황은 어떠한가요?" (예를 들어, "하루 종일 예수님의 이야기를 듣고 있어요", "사람들이 배가 고파요. 먹을 것이 물고기 두 마리와 떡 다섯 개밖에 없어요", "제자들이 걱정을 하고 있어요" 등)
- 성경 이야기의 장면을 상상하며 성경 속 배경을 코스페이시스

장면(360도 장면)에 재현한다. (예를 들어, 모래와 자갈을 나타내는 황토색 바닥, 흩어져 있는 바위와 가시덤불, 뜨거운 태양, 물고기 두 마리와 떡 다섯 개, 광주리 등)

- 스마트폰에 코스페이시스 앱을 설치한 후 카드보드 VR을 활용해 참여자들과 함께 꾸민 코스페이시스 공간을 경험하면서 당시의 상황을 상상해 보고 다음 질문들에 답하도록 한다.
  - "예수님이 많은 사람에게 베푸신 놀라운 선물은 무엇인가요?" (예를 들어, "하나님께 감사 기도를 드리고 사람들에게 떡과 물고기를 떼어 나누어 주셨어요", "은혜의 양식을 베풀어 주셨어요", "모든 사람이 음식을 배부르게 먹고도 열두 광주리가 남았어요" 등)
  - "우리가 현재 삶 속에서 예수님께 간구할 은혜의 양식은 무엇일까요?"

메타버스 교회교육을 위한 핵심 실천 5.
교육적 상상력으로 채워진 메타버스 교회교육

- 핵심과 성경적 원리: 하나님 나라를 꿈꾸는 상상력을 기르는 교회교육을 제공한다(요 14:6).
- 메타버스 교회교육을 위한 성찰과 질문

- 성경적이고 교육적인 상상력을 돕는 신앙 교육을 구상하는가?
- 교육적 상상력을 자극하기 위한 어떤 메타버스 요소를 활용할 것인가?
• 실천과 적용
- 상징과 기독교 예술 작품을 메타버스 환경 속에서 활용하기
- 간단한 가상 현실 프로그램과 카드보드 VR을 활용해서 성경 이야기에 상상력 더하기

• **말씀: 하나님 나라의 이야기와 우리의 이야기를 스토리 링킹하라**

메타버스 교회교육에서 말씀 교육은 중요한 핵심을 차지한다. 예배와 친교와 더불어 가르침은 교회교육의 핵심 사역이다. 구약 시대부터 메타버스 시대에 이르기까지, 하나님의 말씀을 가르치고 새기는 방식은 다양하게 이루어져 왔다. 특히 메타버스 공간을 활용한 성경 공부는 이전보다 더욱 다채로운 방식을 고려할 수 있다. (이 책 3장과 이 장 "교육적 상상력"에 대한 언급에서와 같이) 성경 이야기의 문화적, 고고학적, 사회적 배경을 연구하여 그것을 재연하는 방식을 포함해 성경 이야기에 등장하는 지역을 메타버스 플랫폼에서 검색해 상상력을 더해 경험하는 교육 방법이 가능하다(이 방법은 "선교적 교육"

을 다루는 부분에서 자세히 설명할 것이다).

그런데 여기에서 소개하고자 하는 교육 실천은 '목소리가 들리는 메타버스 말씀 교육'이다. 시각 경험을 가장 중요시하는 메타버스 플랫폼에서 목소리(청각 경험)를 강조하는 것이 다소 의아하게 여겨질 수 있다.

신앙 교육과 커뮤니케이션의 발전사를 보통 4단계로 나눈다. 구두 의사소통(oral communication)에서 문자 의사소통(written communication)과 매스미디어 의사소통(mass media communication)을 거쳐, 최근에는 상호 작용 미디어 의사소통(interactive media communication) 방식을 강조하고 있다. 쥴리 라이틀(Julie Anne Lytle)은 신앙 교육이 상호 작용 미디어 의사소통 방식임을 강조하면서, 잊지 말아야 할 3가지 M을 강조하면서 소개한다. 즉 "메시지(Message), 방법(Methods), 그다음에(then) 미디어(Media)"라는 것이다.[2] 메타버스와 같이 상호 작용, 상상력, 가상 현실과 증강 현실을 통한 체험형 학습이 강조되는 디지털 공간에서 이루어지는 신앙 교육에서는 미디어 이전에 방법을, 방법 이전에 메시지를 우선적으로 고려하라는 의미다.

메타버스 말씀 교육을 위해 우리가 주목해야 할 '메시지'는 목소리와 깊은 관련이 있다. 성경은 하나님의 '목소리'에 귀를 기울이고 순종할 것을 말한다(수 24:24). 그리고 이와 동시에 하나님은 우리의 목소리에 귀를 기울이며 응답하시는 분임을 증거한다(시 3:4).

하나님의 목소리는 사랑과 정의와 진리와 생명의 목소리이며, 우리가 여호와 하나님께 부르짖는 목소리는 감사와 기쁨과 탄원의 목소리다. 말씀 교육은 두 가지 목소리가 공존하며 마치 메아리같이 주고받는 과정이다. 메타버스 말씀 교육 또한 시각적이고 상상적인 요소 이전에 하나님의 이야기에 공명하고 반응하며 다짐하는 우리의 이야기가 연결되는 스토리 링킹이라고 할 수 있다.

실천 1. 디지털 스토리텔링을 통한 신앙 교육

목소리가 들리는 메타버스 말씀 교육 현장을 위한 첫 번째 교육 실천은 디지털 스토리텔링을 통한 신앙 교육이다. 디지털 스토리텔링은 디지털 플랫폼을 매체, 혹은 매개로 하는 스토리텔링을 의미하는데, 이는 일방향 의사소통이 아닌 쌍방향 의사소통을 강조하는 특징을 지닌다.[3]

미디어 신앙 교육 전문가인 메리 헤스(Mary E. Hess) 교수는 신앙 교육에서 디지털 스토리텔링을 3가지 동사를 강조하면서, "디지털 기술을 이용하는 협업과 참여를 통해 우리가 믿는(believe) 이야기, 그리고 우리가 공유하는(share) 이야기들을 창조하는(create) 과정"으로 정의한다.[4]

디지털 공간에서 MZ세대는 자신이 믿는 바를 창조하고 공유하는 데 매우 능숙하다. 예를 들어, 자신이 좋아하는 춤이나 익살스런 사건을 1분 내외의 유튜브 쇼츠, 혹은 틱톡 앱에 업로드하거나 인스타그램과 페이스북에 포스팅을 하고 수많은 사람과 공유한다. 때로는 재미를 추구하기도 하지만, 때로는 자신의 속내를 직간접적으로 내비치기도 한다.

동시에 자신에게 의미 있는 이야기는 마음을 열고 경청한다. MZ세대는 그 이야기가 만일 자신의 인생에 빛을 비추고 길을 안내하는 하나님의 말씀이 된다면, 자신이 믿는 바를 새로운 고백으로 창조하고 공유하는 일을 주저하지 않는다. 이것이 신앙 교육의 디지털 스토리텔링의 핵심이다.

메타버스 속에서 디지털 스토리텔링을 통한 신앙 교육의 예시는 다음과 같다.[5]

- 디지털 스토리텔링 활동을 위해 오프라인, 혹은 온라인(줌, 게더타운 등)에서 3-5명으로 소그룹을 나눈다. (디지털 스토리텔링에 적극적인 참여와 활동이 가능하도록 각 소그룹 인원을 3-5명으로 제한한다.)

- 다음 질문들을 듣고 각자 이야기를 나눈다. 상대방의 이야기를 듣는 동안 분석하거나 다음 이야기를 예측하기보다는 그 이야기에 공감하도록 초대한다. 이를 위해서 이야기를 듣는 사람들에게 이야기의 제목을 짓거나 특정한 요소(감정, 행동, 가치 등)에 주목하며 듣도록 한다.

  - "성령을 느꼈던 순간에 대해 이야기해 보세요."
  - "슬픔을 알게 되었던 순간에 대해 이야기해 보세요."

- "누군가 당신으로 하여금 용서하도록 요청했을 때의 경험을 이야기해 보세요."

- 모든 사람이 이야기를 마치고 나면, 각 사람이 자신의 이야기를 스마트폰, 혹은 태블릿PC 등을 이용해 녹음을 하도록 한다. 그리고 녹음한 자신의 이야기를 들으면서 그 이야기의 의미를 풍성하게 해 줄 수 있는 이미지, 사진, 음악을 찾도록 한다. 이때 교사들은 고학년 어린이, 혹은 청소년들에게 이 방법을 알려 주기보다 오히려 그들이 먼저 습득하고 그 방식에 대해 교사들이 배우는 편이 훨씬 빠를 수 있음을 기억해야 한다. 왜냐하면 그들은 디지털 원주민으로서, 디지털 미디어를 다루는 일에 익숙하기 때문이다.

- 자신의 이야기의 의미를 풍성히 하는 과정을 가진 후에, 다음과 같은 질문들을 던지고 이야기를 나눈다.

  - "나는 교회 공동체(부서)와 어떤 관계를 맺고 있는가?"

  - "나의 이야기 속에서 나는 어떤 영적인 질문과 고민을 발견하는가?"

  - "나의 이야기에 대해 하나님의 말씀은 어떻게 응답하는가?"(이외에도 자신이 가지고 있는 신앙적인 고민이나 실존적인 질문을 던질 수 있다.)

- 서로의 이야기 가운데 발견한 하나님의 은혜와 도우심을 함께 나누며 축복과 격려의 기도로 활동을 마무리한다.

슬기로운 메타버스 교회학교

실천 2. 메타버스 공간에서 놀이를 통한 스토리 링킹

메타버스는 하나님의 말씀을 창조적으로 듣고 되새길 수 있는 기회를 제공하기도 한다. 앞서 '교육적 실재감'을 언급하면서 밝힌 바와 같이, 창조적으로 말씀 교육에 참여하는 것은 기존의 방식을 목적 없이 되풀이하기보다는, 새로운 시각으로 새로운 입장에 서서 전인적으로 말씀을 이해하고 받아들이고 해석하여 적용하는 것을 뜻한다.

교회교육에서 이런 방식을 가장 잘 나타내는 방식이 바로 '놀이'(play)다. 여기서 말하는 놀이는 공동체 게임, 혹은 온라인 게임과 같은 개별 활동을 의미하기보다는, 몰입으로부터 오는 진정한 즐거움 안에서 자발적 참여와 약속을 바탕으로 긴장감을 가지고 참여하는 전인적인 활동을 의미한다.[6] 즉 수단이 아닌 과정 자체로서의 성경적 놀이에 참여함으로써 배움과 성장을 경험하게 된다고 말할 수 있다.

메타버스 신앙 교육은 말씀 교육을 놀이의 과정으로 실천할 수 있는 공간을 다양하게 마련할 수 있다. 예를 들어, 예수님이 말씀하신 비유 이야기, 혹은 병자를 치유하신 사건을 자세히 읽어 보면 그 이야기 자체가 신앙 교육의 과정이자 성경적 놀이의 표현임을 발견할 수 있다. 이야기 속에는 많은 인물이 등장한다(예를 들어, 예수님, 제자들, 바리새인, 사두개인, 병자, 무리, 병사 등). 동시에 그 주변을 구성하는 여러 사물도 함께 등장한다(예를 들어, 항아리, 감람나무, 배, 그물, 씨앗, 동전 등). 심지어 이야기 속에 직접적으로 등장하지는 않지만 그 자리에 있었을 법한 사람들, 혹은 배경을 상상해 볼 수 있다(예를 들어, 성전, 뜨거운 햇빛, 흩어져 있는 바위, 짐을 싣고 가는 낙타 등).

이 성경 이야기의 의미를 살피는 방식은 교역자, 혹은 교사가 해당 이야기를 그대로 들려주는 방법도 있지만, 그 이야기를 구성하고 있는 명시적인, 혹은 숨겨진 요소(elements)가 되어 말씀을 다른 각도로 바라봄으로 그 이야기가 자신의 삶에 던지는 새로운 의미를 찾아가 보는 방법도 있다.

이제 메타버스 공간에서 놀이를 통한 성경 스토리 링킹의 예를 한 가지 살펴보도록 하겠다.

〈예〉 가나 혼인 잔치 이야기(요 2:1-11)

- 참여형 메타버스 플랫폼(게더타운, 마인크래프트 등)으로 모인 후 요한복음 2장 1-11절을 함께 읽거나 관련 영상 클립을 시청한다.
- 다음 질문들을 던지며 성경 이야기를 자세히 살펴보도록 한다.
  - "이 이야기 속에 등장하는 사람들은 누구인가요? 여기에 직접 등장하지는 않지만 이 자리에 함께했을 법한 사람들은 누구인가요?"(예를 들어, 예수님, 예수님의 어머니 마리아, 하인들, 신랑, 신랑의 가족, 신부, 신부의 가족, 동네 어린이들 등)

- "이 이야기 속에 등장하는 사물들은 무엇인가요? 이야기가 펼쳐지고 있는 장소는 어떤 모습인가요?" (예를 들어, 물, 포도주, 무화과, 올리브, 빵, 양고기, 돌 항아리, 큰 차양, 악기들, 접시들, 잔, 꽃다발 등)
- "이 이야기가 펼쳐지고 있는 분위기는 어떠한가요? 분위기에 어떤 변화가 감지되나요?" (예를 들어, 행복함, 떠들썩함, 분주함, 당혹스러움, 걱정, 호기심, 안도감, 큰 기쁨 등)

- 이 이야기에 등장하는 인물이나 사물 중 한 가지를 선택하게 한다.
- 게더타운과 같은 체험형 플랫폼 공간에 참여자들이 선택한 인물, 혹은 사물을 찾거나 직접 꾸며서 이야기 상황을 재현해 보게 한다.
- 자신이 선택한 인물, 혹은 사물의 입장에서 이 이야기를 상상력을 가지고 바라보도록 초대한다. 그리고 다음 질문들에 응답하도록 한다.
  - "자신이 선택한 인물, 혹은 사물이 되어 이야기를 바라보았을 때 새롭게 발견한 것은 무엇인가요?"
  - "자신이 선택한 인물, 혹은 사물의 관점에서 다음 인물들의 표정과 행동은 어떠한가요?" (예를 들어, 예수님의 어머니, 하인들, 연회장, 예수님 등)
  - "자신이 선택한 인물, 혹은 사물의 관점에서 예수님이 물

을 포도주로 바꾸시는 장면을 바라보았을 때 무엇을 새
롭게 느끼고 발견했나요?"

- "이 이야기 속에서 예수님은 어떤 분이신가요?"

• 서로의 이야기를 공유하며 우리 가운데서 언제나 하나님의 뜻
을 행하시는 예수님을 기대하며 기도로 활동을 마무리한다.

메타버스 교회교육을 위한 핵심 실천 6.
하나님의 이야기와 우리의 이야기가 어우러지는
메타버스 교회교육

• 핵심과 성경적 원리: 하나님의 이야기(말씀)가 우리의 이야기를 인도
하고 변화시키는 교육을 지향한다(눅 24:32).

• 메타버스 교회교육을 위한 성찰과 질문

  - 하나님의 이야기에 우리의 이야기가 공명하고 응답하는 말씀 교육
  이 실천되고 있는가?

  - 시각적 효과를 넘어서 서로의 삶과 목소리를 존중하고 경청할 수 있
  는 기술을 구현하고 있는가?

• 실천과 적용

슬기로운 메타버스 교회학교

- 디지털 스토리텔링을 통한 신앙 교육
- 메타버스 공간에서 놀이를 통한 스토리 링킹

• 예언자적 참여: 성경적 가치관과 분별력을 기르는 디지털 신앙 교육 리터러시를 갖추라

메타버스 교회교육은 디지털 세계를 매개로 실천이 이루어지기 때문에, 교역자와 교사를 포함한 모든 참여자를 위한 디지털 신앙 교육 리터러시를 고려하는 것이 중요하다. 메타버스는 결코 가치 중립적인 공간이 아니다. 다양한 메타버스 플랫폼을 개발하는 업체, 그 공간 속에 영리적, 혹은 비영리적 목적을 가지고 다양한 콘텐츠를 제공하는 개인과 기관, 그리고 그 공간을 다양한 용도로 활용하는 사용자 등 이 모든 주체의 기대와 활용 방식이 다양하게 만난다.

특히 교회교육과 관련해서 생각해 볼 점은, 메타버스에는 다양한 사회 문화적, 경제적 가치관이 공존하기 때문에 이러한 특성을 이해하고 예언자적 분별력을 가지고 그 디지털 공간을 활용할 수 있는 역량을 기르는 것이 중요하다는 것이다. 디지털 미디어에 대한 분별력과 바르게 활용하는 역량을 가리켜 '디지털 리터러시', 혹은 '디지털 미디어 리터러시'(digital media literacy)라고 한다. 그러면 디지털 공간에서 신앙 교육을 위한 분별력과 역량을 기르는 것은 '디지털 신앙 교육 리터러시'라고 이름을 붙일 수 있을 것이다.

왜 디지털 신앙 교육 리터러시를 고려해야 할까? 메타버스를 포함한 디지털 세계는 많은 MZ세대에게는 놀이터이자 문화적, 경제적 소비 공간이기도 하다. 이는 많은 어린이와 청소년이 신앙 교육의 영향보다 세속적인 가치관과 성공지상주의, 소비지상주의 문화의 영향에 더 많이 노출되어 있다는 뜻이다. 교회교육 현장에서도 소비주의 문화의 영향이 점차 가시화되고 있다.

코로나19 팬데믹을 거치며 다양한 디지털 플랫폼을 통해 교회교육 콘텐츠가 증가하면서, 이를 영적 성장을 위한 섭취가 아닌 일회적으로 '소비'하려는 경향 또한 조금씩 증가하고 있음을 염려해야 한다. 미디어 교육 전문가인 데이비드 버킹엄(David Buckingham)은 디지털 미디어 문화 속에 자라나는 디지털 원주민인 MZ세대가 단순한 디지털 미디어의 소비자가 아닌 '생비자'[prosumer; 생산자(producer)+ 소비자(consumer)]로 살아가고 있음을 결코 간과해서는 안 된다고 지적한다.[7]

이러한 점을 고려한다면, 메타버스는 신앙 교육을 위한 공간으로 활용할 수 있는 동시에, 편리성과 재미, 소비 문화와 이윤 창출 등 다양한 목적이 어우러지는 공간임을 기억해야 한다. 예언자들은 세상과 거룩한 거리를 유지하면서도 세상의 한복판에서 하나님의 뜻을 대언하고 실천했다(겔 2:1-5). 이처럼 디지털 세대가 일상 속에서도 기독교적 관점으로 디지털 문화를 올바르게 판단하고 분별하여

슬기로운 메타버스 교회학교

건강하게 활용하도록 돕는 노력이 반드시 필요하다.

교회교육의 목적이 교회 안에서 건강한 예수 그리스도의 제자를 기르는 것뿐만 아니라 디지털 문화가 주도하는 세상 속에서 이들이 다양한 직업을 통해 하나님 나라를 확장하는 소명을 실천하도록 돕는 것이기에, 디지털 신앙 교육 리터러시는 더욱 중요하다.

또 한 가지 덧붙일 것이 있다. 메타버스를 비롯한 많은 디지털 플랫폼은 사용자들이 자발적으로 제공하는 개인 정보에 근거하여 알고리즘과 빅데이터(big data)를 생산하고, 이를 기반으로 메타버스 세계를 확장시키고 있다. 그런데 개인 정보에 기반한 알고리즘으로 인해 많은 플랫폼이 맞춤형 정보 제공이라는 편리성을 제공하는 반면, 정보를 선택적으로 노출시킴으로 인해 이른바 '필터 버블'(filter bubble, 선별된 자료에 의해 갇히고 세상을 그 시각으로 바라보는 현상)이 발생해 사용자들이 자신이 보는 정보에만 갇히게 되는 현상도 어렵지 않게 볼 수 있다.

이러한 현상은 편향 강화(confirmation bias)를 일으킬 뿐만 아니라 최근 사회적인 문제가 되고 있는 인포데믹[infodemic; 정보(information)+전염병(epidemic), 사실과 가짜 뉴스가 구별 없이 확산되어 문제가 생기는 현상]과도 연결된다. 그렇기에 메타버스 교회교육은 예수 그리스도의 제자로서 성경적 가치관과 분별력을 가지고 살아가도록 안내해야 한다.

실천 1. 메타버스 교회교육을 위한
디지털 신앙 교육 리터러시 실천하기

메타버스 교회교육을 위한 디지털 신앙 교육 리터러시를 실천하는 첫 번째 방법은 디지털 세계와 건강한 거리를 유지하면서 분별력을 갖추도록 안내하는 것이다. 교회교육 현장에서 메타버스와 디지털 플랫폼의 활용에 대한 관심은 높아지고 있지만, 디지털 리터러시에 대한 관심은 그에 비해 낮은 편이다.

일반 교육 현장에서 디지털 리터러시 역량 강화를 위해 제공하는 안내는 메타버스 교회교육 현장에도 도움을 줄 수 있다. 가령, 전국미디어리터러시교사협회(KATOM, Korean Association of Teachers of Media Literacy)에서 2020년에 발표한 "코로나19를 이겨 내는 미디어 리터러시 백신 10계명"은 어린이와 청소년뿐만 아니라 부모들이 디지털 리터러시 역량을 함양할 수 있도록 안내하고 있다. KATOM이 제시하는 내용 중 메타버스 활용과 관련된 내용은 다음과 같다.[8]

- 뉴스, 유튜브 등 미디어에서 다루는 정보의 출처가 믿을 수 있는지 확인합니다.
- 뉴스, 유튜브 등 미디어 생산자의 특정한 관점이 정보를 왜곡하고 있지 않는지 확인합니다.
- 사진, 영상, 그래픽 자료들이 정확한 내용을 담았는지, 편견을 반영하고 있지는 않는지 확인합니다.
- 특정 지역이나 집단에 대한 차별, 폭력을 부추기는 혐오 표현

이 반영되어 있지는 않는지 확인합니다.

- SNS를 통해 전파되는 부정확한 소문과 거짓 정보를 공유하지 않습니다.
- 미디어를 보는 시간을 정해 놓고 휴식 시간을 가집니다.

이를 교회교육 현장에 맞게 적용하면 다음과 같은 내용이 될 것이다. 여기에 교회교육 현장의 상황에 따라 덧붙이거나 수정하는 것 또한 가능하다.

메타버스 교회교육을 위한 디지털 신앙 교육 리터러시

- 성경에 기초한 복음적인 내용을 중심으로 디지털 공간을 활용하고 있는지 확인합니다.
- 예수님의 사랑이 담긴 언어와 태도로 참여자를 대하는지 확인합니다.

- 디지털 신앙 교육을 위해 사용되는 사진, 영상, 자료들이 하나님의 형상을 따라 창조된 사람, 혹은 피조 세계에 대해 편견이나 그릇된 태도를 담고 있는지 확인합니다.
- 사이비, 혹은 이단에 관련된 내용이 공유되고 있지 않는지 확인합니다.

- 교회 공동체와 건강한 관계를 형성하며, 교회교육을 위한 디지털 공간 사용을 위한 적절한 시간과 상황을 약속합니다.

* 교회교육 현장 상황에 따라 추가와 수정 가능

실천 2. 사랑과 정의를 실천하는 메타버스 교회교육

메타버스 교회교육은 교회 공동체 안팎에서 다양한 어려움을 겪고 있는 이웃들에 대해서도 관심을 갖도록 안내할 필요가 있다. 최근 메타버스는 문화 산업과 기업 등에 의해 이윤을 창출하고 다양한 소비가 이루어지는 공간으로 인식되고 있다. 하지만 '메타'(meta, 너머)라는 접두어를 교회교육과 연결시켜 본다면, 예수 그리스도의 사랑으로 평소에 관심을 갖지 못했던 이웃들을 향해 눈을 돌려 사랑을 실천할 것을 다짐하도록 도울 수 있다.

예수님이 누가 강도 만난 자의 이웃인지를 물으시며 우리의 고정관념을 깨뜨리신 것처럼(눅 10:36), 메타버스를 통해 우리의 공동체 '너머'에 있는 이웃을 확인하고 섬기는 봉사(디아코니아)의 기회를 가질 수 있다.

한 예로, 참여자들과 함께 '우리의 이웃을 찾습니다'라는 활동을 진행해 보겠다. 이 활동은 반드시 메타버스 공간에서 진행될 필요는 없다. 하지만 디지털 환경 속에서 예수 그리스도의 복음과 사랑을 필요로 하는 이웃이 누구일지를 생각해 보기 위해서 의도적으로 메타버스 환경 속에서 진행하기를 추천한다.[9]

〈예〉 우리의 이웃을 찾습니다

- 공간에 모여 참여자들과 함께 메타버스 관련해서 떠오르는 인물, 혹은 이미지에 대해 의견을 나누어 본다. (예를 들어, 화려한 아바타의 외모와 의상, 비싼 아이템 등)
- 다음의 질문들을 함께 나누어 본다.
  - "예수님이 메타버스에 아바타로 참여하신다면 어떤 모습일까요?"
  - "메타버스 속에서 소외되고 어려움을 겪는 사람들은 누구일까요? 그 이유는 무엇일까요?" (참고 기사: "교육 격차 줄이는 데 메타버스를 써 보자", 한국일보 2021년 9월 16일자;[10] 한국 유네스코, "누구도 소외되지 않는 미디어를 위한 청소년 선언문"[11])
- 성경 속에서 우리의 관심과 사랑을 필요로 하는 이웃과 관련된 본문을 검색해서 읽도록 한다(예를 들어, 신 14:29; 미 6:8; 눅 10:36-37 등).
- 다음의 질문들을 나누고 실천 방안을 모색한다.
  - "성경 본문은 그리스도인이 소외된 이웃에게 어떻게 행할 것을 요청하나요?"
  - "그리스도의 사랑으로 이웃들을 구체적으로 도울 수 있는

방법은 무엇인가요?"

- 패들렛 등을 활용해서 실천을 공유하고 이를 실천할 계획을 구체적으로 세운다.

메타버스 교회교육을 위한 핵심 실천 7.

예언자적 참여를 요청하는 메타버스 교회교육

- 핵심과 성경적 원리: 메타버스를 성경적 분별력을 가지고 이해하고 활용할 수 있는 역량을 키운다(롬 12:2).
- 메타버스 교회교육을 위한 성찰과 질문
  - 메타버스 교회교육에 대한 예언자적 참여는 무엇을 의미하는가?
  - 기독교 신앙에 근거해 디지털 리터러시 역량을 기르기 위한 노력을 기울이고 있는가?
- 실천과 적용
  - 메타버스 교회교육을 위한 디지털 신앙 교육 리터러시 실천하기
  - 사랑과 정의를 실천하는 메타버스 교회교육

메타버스 교회교육은 오프라인 교회교육 현장을 대체하는 것이 아니라, 확장하는 것을 의미한다. 예수 그리스도가 승천하시기 전 제자들에게 당부하신 내용은 땅끝까지 이르러 주님의 증인이 되라는 것이었다.

> 오직 성령이 너희에게 임하시면 너희가 권능을 받고 예루살렘과 온 유대와 사마리아와 땅끝까지 이르러 내 증인이 되리라 하시니라 행 1:8

제자들에게 예루살렘과 유대는 친숙한 곳이었고, 아주 오랫동안 예배의 중심지였으며, 기쁜 소식(복음)이 시작된 곳이었다. 반면, 사마리아와 땅끝은 그들에게 낯선 곳이었고, 예배의 중심지가 아니었으며(요 4:20), 복음을 모르는 곳이었다. 하지만 유대인으로 태어나 모든 민족의 구주가 되신 예수님은 제자들을 땅끝으로 초대하시며 그곳에서 그리스도의 증인이 되라는 교육 선교 명령을 내리셨다.

그렇다면 디지털 문화 한복판을 살아가는 우리에게 땅끝은 어디일까? 믿는 자들에게 아직 낯선 곳, 예배가 회복되어야 할 곳, 복음이 선포되어야 할 곳은 어디든지 땅끝이다. 메타버스, 그곳은 바로 새로운 땅끝이며 우리는 그곳에서 증인을 기르고 세우는 선교적 교육(missional education)을 실천해야 한다.

실천 1. 메타버스 복음 지도 그리기

메타버스에서 선교적 교육의 실천은 크게 두 가지를 생각할 수 있다. 첫째는 참여자들이 선교적 교육을 실천할 수 있도록 복음이 전해진 발자취를 확인하며 그들의 지경을 넓히는 것이다. 메타버스를 가능하도록 돕는 기술은 비행기, 혹은 배가 없이도 우리를 세계 어디든지 데려다 준다. 그리고 가나안 땅을 탐색하고 그곳에서 하나님의 약속을 확신했던 갈렙의 믿음(민 14:6-9)을 우리도 온라인 세상에서 경험할 수 있도록 돕는다.

'메타버스 복음 지도 그리기'라는 이름을 붙인 교육 실천은 지도 웹사이트를 활용한다. 여기서 소개하는 웹사이트 두 곳은 구글 어스(Google Earth)와 네이버 지도다. 두 웹사이트는 PC 버전과 모바일 버전으로 검색이 모두 가능하다.[12] 구글 어스(https://earth.google.com)는 지구의 수많은 지역의 지도와 위성 사진을 입체적으로 제공하는 웹사이트다. 네이버 지도(http://map.naver.com)는 우리나라 지역을 보다 상세하게 안내해 주는 지도 웹사이트다. (국내 지도 제공 웹사이트는 이외에도 카카오맵 등이 있다.)

이 지도 웹사이트들을 이용한 '메타버스 복음 지도 그리기'는 교

구글 어스의 초기 화면과 지역 지도

육 활동의 목적과 지역 선정에 따라 3가지로 진행할 수 있다. 첫째, 가스펠 루트(gospel route) 찾기, 둘째, 자신이 살고 있는 동네, 혹은 교회 주변을 위한 복음 지도 그리기, 셋째, 지구 공동체 가운데 예수 그리스도의 복음의 회복을 소망하는 복음 지도 그리기 등이다.

3가지 교육 활동을 소개하기에 앞서, 구글 어스와 네이버 지도를 활용하는 방법을 간단히 소개하고자 한다. 먼저, 구글 어스를 활용하여 원하는 지역을 검색해서 그룹으로 묶는 방법(프로젝트 만들기)은 다음과 같다.

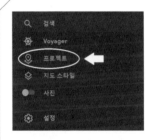

구글 어스에 로그인한 후 '메뉴'에서 '프로젝트'–'만들기' 버튼을 클릭한다.

'구글 드라이브에서 프로젝트 만들기'를 선택하고 프로젝트에 제목을 입력한 후 저장한다.

'새로운 기능' 버튼을 클릭한다.

 '추가할 장소 검색'을 누른 후 지역명, 혹은 건물 이름을 입력해서 장소를 찾는다.

 해당 지역을 소개하는 창이 뜨면 '프로젝트에 추가'를 클릭한다.

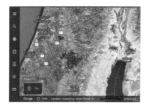 앞서 '새로운 기능' 버튼 클릭부터 '프로젝트에 추가'를 클릭하는 과정을 반복해 원하는 지역을 추가, 프로젝트를 완성한다.

 완성한 프로젝트를 보기 위해서 '메뉴'-'완성한 프로젝트'-'프레젠테이션' 버튼을 클릭한다.

네이버 지도를 활용하여 원하는 지역을 검색하는 방법은 다음과 같다.

슬기로운 메타버스 교회학교

네이버 지도를 열어 '지도 홈' 클릭 후 원하는 지역 이름, 혹은 건물(기관) 이름을 입력한다.

해당 지역, 혹은 건물(기관)을 클릭한 후 '저장하기' 버튼을 클릭한다.

'새 리스트 저장'(+ 버튼)을 누른 후 리스트 이름을 입력한다.

앞서 '지도 홈' 클릭부터 '저장하기' 버튼을 클릭하는 과정을 반복해서 원하는 지역을 리스트에 추가한다.

가스펠 루트 찾기 '가스펠 루트 찾기'는 구글 어스를 활용해서 성경 속 이야기가 펼쳐진 장소를 탐색하고, 신약 시대에 기독교 복음이 전해진 통로를 추적하도록 돕는 교육 활동이다. 이 활동을 통해서 참여자들은 성경의 이야기를 보다 생생하게 이해할 수 있게 되며, 지금도 우리 삶의 자리에서 일하고 계시는 하나님을 깊이 묵상하게 된다.

앞서 소개한 구글 어스의 '프로젝트 만들기' 기능을 활용해 주제별, 혹은 성경 속 이야기 단위로 프로젝트를 만들고 프레젠테이션을 하면, 마치 그 지역을 여행하는 것과 같은 경험을 하게 된다. 대한성서공회에서 제공하는 성경 지도(https://www.bskorea.or.kr/prog/read3_3.php) 웹사이트는 구약과 신약 시대의 지도 및 주제별 경로(예를 들어, 아브라함의 이동 경로, 바울의 첫 번째 여행 등)를 친절하게 소개하고 있으므로 활용하면 좋다.

〈예〉 가스펠 루트 – '바울의 첫 번째 여행' 묵상 여행

- 교회 등 정해진 장소에 함께 모이거나 온라인(줌, 게더타운 등)으로 모인다.
- 참여자들과 함께 '바울의 첫 번째 여행' 본문(행 13:1-14:28)을 읽는다. (1회로 진행해도 좋고, 여러 번 나누어서 활동을 진행해도 좋다.)
- 바울이 첫 번째 여행을 하면서 각 장소에서 어떤 사건을 겪었는지 이야기를 나누어 본다.

- 대한성서공회에서 제공하는 지도, 혹은 자신이 가지고 있는 성경책에 제공된 지도 등을 참조하여 구글 어스에서 성경 이야기가 펼쳐진 장소를 검색하고 '프로젝트'에 추가한다. (성경 이야기에 나타나는 장소의 현대 지명을 찾기 위해서 성경 사전이나 인터넷을 검색하면 편리하다.)
- 완성한 프로젝트에 저장된 '바울의 첫 번째 여행' 장소를 '프레젠테이션'을 이용해 탐색하면서 바울을 통해 전해진 복음 전도의 의미를 함께 나눈다.
- 현재 자기 삶의 자리에서 일하시는 하나님에 대한 묵상을 나누며 기도로 활동을 마친다.

복음 지도 그리기 '우리 동네 복음 지도 그리기'는 자신이 살고 있는 지역, 혹은 교회가 위치한 지역에서 예수 그리스도의 복음이 필요한 곳을 확인하고, 지역을 위한 복음 지도를 만드는 활동이다. '세계 복음 지도 그리기'는 이와 유사한 활동으로, 지구 공동체를 대상으로 복음과 하나님의 은혜가 간절히 필요한 곳을 탐색하고 그들을 위한 기도와 교육 선교적인 사명을 다짐하는 활동이다.

두 활동 모두 지도 웹사이트를 활용하게 되는데, '우리 동네 복음 지도 그리기'는 네이버 지도와 같은 국내 지도 웹사이트를, '세계 복음 지도 그리기'는 구글 어스를 활용할 것을 추천한다.

〈예〉우리 동네 복음 지도 그리기

- 교회 등 정해진 장소에 함께 모이거나 온라인(줌, 게더타운 등)으로 모인다.

- 자신이 살고 있는 동네, 혹은 교회가 위치한 지역이 어떤 곳인지 간단하게 이야기를 나눈다.

- 참여자들과 함께 '예수님의 12제자 파송' 본문(마 10:1-23)을 읽는다.

- 예수님이 제자들을 왜 유대 땅(동네)으로 보내셨는지 그 이유를 생각해 보고, 이를 위해 제자들에게 필요한 마음가짐과 자세는 무엇이었는지 나누어 본다.

- 네이버 지도에서 자신이 살고 있는 지역, 혹은 교회 주변을 검색하고, 복음 전도와 회복이 필요한 지역 5-10곳을 선택하여

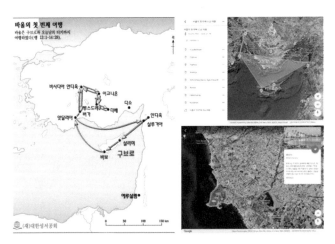

(좌) 성서공회에서 제공하는 '바울의 첫 번째 여행' 지도
(우) 구글 어스에 구현한 바울의 '첫 번째 여행' 프로젝트

리스트에 저장한다. (개인별, 그룹별로 지역을 선택해도 좋다.)

- 완성한 프로젝트에 저장된 장소를 '프레젠테이션'을 이용해 탐색하면서 지역을 선택한 이유와 참여자들이 할 수 있는 일이 무엇인지 함께 나눈다.

- 다음 모임까지 참여자들은 실천 리스트에 적힌 내용을 실천하기로 다짐하고, 복음이 필요한 이웃과 지역을 위해 중보 기도를 하며 활동을 마친다.

〈예〉 세계 복음 지도 그리기

- 교회 등 정해진 장소에 함께 모이거나 온라인(줌, 게더타운 등)으로 모인다.

- 하나님이 자신에게 주신 꿈과 소명이 무엇인지 함께 나눈다.

- 참여자들과 함께 '예수님의 교육 선교 명령' 본문(마 28:18-20; 행 1:6-11)을 읽는다.

- 예수님이 제자들에게 주신 교육 선교 명령의 의미를 생각해 보고, 지구 공동체 가운데 예수 그리스도의 기쁜 소식이 회복되어야 할 곳은 어디인지 나누어 본다.

- 구글 어스에서 복음 전도와 회복이 필요한 지역 3-5곳을 선택하여 프로젝트에 저장한다. (개인별, 그룹별로 지역을 선택해도 좋다.)

- 완성한 프로젝트에 저장된 장소를 '프레젠테이션'을 이용해 탐색하면서 지역을 선택한 이유와 참여자들이 할 수 있는 일

이 무엇인지 함께 나눈다.

- 복음이 필요한 이웃과 지역을 위해 중보 기도를 하며 활동을 마친다.

실천 2: 새로운 땅끝으로 나아가라

메타버스를 이용한 선교적 교육 실천은 현실 세계뿐만 아니라 실제 메타버스 세계를 대상으로도 이루어질 필요가 있다. 엄청난 속도로 확장되고 있는 미지의 메타버스라는 새로운 땅끝에 기독교 복음과 가치관이 세워질 수 있도록 기도하고, 교육 선교를 위한 안목을 기르는 것이 필요하다. 디지털 원주민들에게도 낯선 땅이 매일 펼쳐지고 있는 오늘날, 하나님은 지금도 MZ세대를 포함한 우리 모두를 그리스도의 제자로 부르고 계신다.

메타버스에 존재하는 영역은 매우 다양하다. 온라인 게임을 포함해 정치, 경제, 사회, 문화, 과학, 국제 관계, 부동산, 여가, 교육, 종교 등 메타버스에는 현 인류가 경험하는 모든 삶의 경험이 반영되어 있다. 그리고 각 영역에는 인간의 욕구와 기대가 어우러져 있다. 디지털 원주민이든지, 디지털 이주민이든지 메타버스를 현재와 미래에 경험하는 이들은 이러한 욕구와 기대로부터 결코 자유로울 수 없다.

동시에 이러한 영역들은 주님이 이 땅에 다시 오셔서 온전히 회복시키실 때까지 하나님의 다스리심과 변화가 요청되는 자리다. 교회교육은 모든 참여자가 현재와 미래의 메타버스를 이와 같은 시각으로 바라보도록 안내할 필요가 있다.

〈예〉 새로운 땅끝으로 나아가라

- 교회 등 정해진 장소에 함께 모이거나 온라인(줌, 게더타운 등)으로 모인다.
- 참여자들이 경험했거나 알고 있는 메타버스의 장점과 한계에 대해 나누어 본다. (예를 들어, 게더타운, 줌, 제페토, 구글 어스 속의 문화 콘텐츠, 소비 문화, 게임과 관련된 영역 등)
- 참여자들과 함께 '새 하늘과 새 땅의 창조와 회복'에 대한 말씀(사 65:17-25; 행 1:6-11; 계 21:1-7)을 함께 읽고, 하나님이 이루어 가시는 회복에 대해 나누어 본다.
- 메타버스가 새로운 땅끝의 일부임을 나누고, 다음 표에 메타버스의 영역 중 한 곳을 선택해서 적는다(표의 왼쪽 칸).
- 하나님 나라를 위해 메타버스가 긍정적으로 활용될 수 있는 방법이 무엇인지 적어 보고(표의 가운데 칸), 하나님의 뜻 가운데 회복되어야 할 부분도 적어 본다(표의 오른쪽 칸).

선택한 메타버스 영역	긍정적으로 활용될 수 있는 방법	하나님의 뜻 가운데 회복되어야 할 점

- 자신이 적은 내용을 각자 소개하고, 그리스도인으로서 메타버스를 지혜롭게 사용하고 복음의 영향력이 확산될 수 있는 새로운 땅끝으로 바라보기 위해 어떤 준비와 노력이 필요한지 나누어 본다.
- 우리가 살아가고 있는 세계와 메타버스 가운데 하나님의 회복이 있기를 기도하며 활동을 마친다.

메타버스 교회교육을 위한 핵심 실천 8.
선교적 교육을 고려하는 메타버스 교회교육

- 핵심과 성경적 원리: 새로운 땅끝을 향해 나아가는 선교적 교육을 지향한다(행 1:8).
- 메타버스 교회교육을 위한 성찰과 질문
  - 메타버스를 예수 그리스도의 복음이 선포되고 하나님의 뜻대로 회복되어야 할 새로운 땅끝으로 바라보도록 어떤 교육적 안내가 필요한가?

- 글로벌화된 지구 공동체를 경험하고 교육 선교적 마인드를 기를 수 있는 메타버스 기술을 고려하는가?
• 실천과 적용
  - 구글 어스와 네이버 지도 웹사이트를 활용한 메타버스 복음 지도 그리기
  - 메타버스 공간 속에서 복음 전도와 회복이 필요한 영역 분별하기

주

프롤로그

1 Alan Vermilye, *The Problem of Pain Study Guide: A Bible Study on the C. S. Lewis Book The Problem of Pain* (Baltimore, MD: Brown Chair Books, 2018), p. 52.

2 케빈 리, "위드 코로나 시대, 목회를 말하다: 다음 세대와 온라인 사역", 2021 국민미션포럼, 2020.11.01. https://www.youtube.com/watch?v=B3J2-UpU7xg&t=7668s [2021년 11월 28일 접속]

1부_____ 메타버스 마주하기: 메타버스 교회학교 이론편

1장_____메타버스, 이미 다음 세대의 땅끝이 되다

1 Ed Stetzer & Thom S. Rainer, *Transformational Church* (Nashville, TN: B&A Publishing Group and LifeWay Research, 2010), p. 18.

2 https://en.wikipedia.org/wiki/Metaverse [2021년 10월 4일 접속]

3 Jensen Huang, "The Metaverse is Coming," Nvidia Omniverse, 2020.10.06. https://www.youtube.com/watch?v=lcuGpLLeGWM [2021년 10월 5일 접속]

4 김연지, "SNS 시대 가고 이제는 메타버스 시대 온다", CBS노컷뉴스, 2021.03.01. https://news.v.daum.net/v/20210301051200322?s=print_news [2021년 10월 5일 접속]

5 전준현, "메타버스 구성 원리에 대한 연구: 로블록스를 중심으로", 영상문화 38 (2021), p. 267. https://blog.naver.com/daishin_blog/222393981398 [2021년 10월 6일 접속]

6 배순민, "위드 코로나 시대, 목회를 말하다: 메타버스, The Next Level", 2021 국민 미션포럼, 2020.11.01. https://www.youtube.com/watch?v=B3J2-UpU7xg&t=7668s [2021년 11월 10일 접속]

7 김상균, 《메타버스》 (경기도화성: 플랜비디자인, 2020), p. 23.

8 송원철, 정동훈, "메타버스 해석과 합리적 개념화", 정보화정책 28(2021), p. 9. https://news.kbs.co.kr/news/view.do?ncd=3421295; "포켓몬고' 한국서 인기" (2017.02.01./KBS뉴스) [2021년 10월 14일 접속]

9 https://www.youtube.com/watch?v=9lxakKfRNl0&t=1s. "실제와 닮아 가는 메타버스" (2021.06.10./MBC뉴스데스크) [2021년 10월 17일 접속]

10 https://m.post.naver.com/viewer/postView.nhn?volumeNo=31145894&memberNo=28980604 [2021년 10월 6일 접속]

11 https://weekly.khan.co.kr/khnm.html?mode=view&artid=201310221504551 [2021년 7월 14일 접속]

12 Klaus Schwab, "Are you ready for the technological revolution?," World Economic Forum (2015). https://www.weforum.org/agenda/2015/02/are-you-ready-for-the-technological-revolution/

13 http://mhdata.or.kr/mailing/Numbers33th_200207_B1. pdf 내 16페이지 [2020년 12월 5일 접속]

14 http://www.mhdata.or.kr/bbs/board.php?bo_table=trend1&wr_id=27 내 4페이지 [2020년 12월 5일 접속]

15 http://www.mhdata.or.kr/bbs/board.php?bo_table=trend1&wr_id=27 [2021년 12월 24일 접속]

16 남현우, "메타버스의 환경 변화와 기술 동향", 한국통신학회 38 (2021), p. 28.

17 Frank X. Shaw, "Microsoft Cloud at Ignite 2021: Metaverse, AI and

hyperconnectivity in a hybrid world," 2021.11.02. https://blogs.microsoft.
com/blog/2021/11/02/microsoft-cloud-at-ignite-2021-metaverse-ai-and-
hyperconnectivity-in-a-hybrid-world/ [2021년 12월 24일 접속]

18 케빈 리, "위드 코로나 시대, 목회를 말하다: 다음 세대와 온라인 사역",
2021 국민미션포럼, 2020.11.01. https://www.youtube.com/watch?v=B3J2-
UpU7xg&t=7668s [2021년 11월 28일 접속]

2장_____ 메타버스와 성경적 신앙 교육

1 John H. Westerhoff III, *Will Our Children Have Faith?* (Toronto: Morehouse
Publishing, 2000), p. 95; Thomas Groome, *Sharing Faith: A Comprehensive
Approach to Religious Education and Pastoral Ministry, the Way of Shared Praxis*
(Eugene, OR: Wipf & Stock, 1999), p. 339-340; John Westerhoff III, Charles
Foster, *Educating Congregations: The Future of Christian Education* (Nashville:
Abingdon Press, 1994), p. 47-48.

2 레너드 스윗, 《영성과 감성을 하나로 묶는 미래 교회》, 김영래 역 (서울: 좋은
씨앗, 2002), p. 22-23.

3 월터 브루그만, 《완전한 풍요: 돈, 음식, 시간, 장소, 그리고 그리스도인》, 정성
묵 역 (서울: 한국장로교출판사, 2021), p. 133.

4 케빈 리, "위드 코로나 시대, 목회를 말하다: 다음 세대와 온라인 사역", 2021
국민미션포럼, 2020.11.01. https://www.youtube.com/watch?v=B3J2-
UpU7xg&t=7668s [2021년 11월 28일 접속]

3장_____ 메타버스와 교회교육, 그 가능성과 한계점

1 Dammy, "Same storm, different boats," 2020.07.18. https://unvarnished.

org/2020/07/18/same-storm-different-boats/ [2021년 11월 29일 접속]

2 Paul A. Basden, *Six Views on Exploring the Worship Spectrum* (Grand Rapids, Michigan: Zondervan, 2004), p. 13.

3 신형섭,《예배 갱신의 사각지대》(서울: 장로회신학대학교 기독교교육연구원 출판부, 2014), p. 26.

4 Alexander Schmemann, *For the Life of the World: Sacraments and Orthodoxy* (Crestwood, NY: St Vladimir's Seminary Press, 1988), p. 151; Robert W. Hovda, *Strong, Loving, and Wise: Presiding in Liturgy* (Collegeville, MN: The Liturgical Press, 1998), p. 17; Geoffrey Wainwright, *Doxology: The Praise of God in Worship, Doctrine and Life-A Systematic Theology* (New York: Oxford University Press, 1980), p. 218.

5 총회 세대별위원회 다음세대분과, "2021년 코로나 전후 다음 세대 교회교육 현장 설문 조사" (미간행물), p. 18.

6 케빈 리, "위드 코로나 시대, 목회를 말하다: 다음 세대와 온라인 사역", 2021 국민미션포럼, 2020.11.01. https://www.youtube.com/watch?v=B3J2-UpU7xg&t=7668s [2021년 11월 28일 접속]

7 Kara Powell, "What creates Sticky Faith?," https://fulleryouthinstitute.org/stickyfaith [2021년 12월 2일 접속]

8 Sara Little, *To Set One's Heart: Belief and Teaching in the Church* (Atlanta, GA: John Knox Press, 1983), p. 5-7.

9 Fred P. Edie, *Book, Bath, Table, and Time: Christian Worship as Source and Resource for Youth Ministry* (Cleveland, OH: The Pilgrim Press, 2007), p. 93.

10 https://www.youtube.com/watch?v=MZwj84M2k9M [2021년 7월 15일 접속]

11 닐 콜,《교회 3.0》, 안정임 역 (서울: 스텝스톤, 2012), p. 95.

12 닐 콜, 위의 책, p. 93.

13 로드니 스타크, 《기독교의 발흥》, 손현선 역 (서울: 좋은씨앗, 2016).

14 https://blog.naver.com/ruras/221521879461 [2021년 7월 15일 접속] 오스틴 시티라이프교회의 조나단 닷슨(Jonathan Dodson) 목사는 선교적 삶을 산다는 것에 대한 여덟 가지 방법을 제시한다. 첫째, 비그리스도인들과 식사하라. 둘째, 걷고 만나는 사람과 인사하라. 셋째, 웃고 친구를 사귀어라. 넷째, 비그리스도인들과 취미를 함께하라. 다섯째, 동료를 위해 기도하라. 여섯째, 친구와 함께 지역을 위해 봉사하라. 일곱째, 지역 사회 행사에 참여하라. 여덟째, 이웃을 위해 도움을 주라.

15 https://searchforjesus.net/how-it-works [2021년 7월 14일 접속]

2부_____ 메타버스 활용하기: 메타버스 교회학교 실전편

4장_____메타버스 교회교육, 그 생생한 현장 이야기

1 본 도표는 Acceleration Studies Foundations의 Metaverse Roadmap 웹페이지에서 제공한 도표를 번역하여 교회교육 현장과 연계한 것임을 밝힌다. https://www.metaverseroadmap.org/overview/ [2022년 1월 31일 접속]

2 토니 빙엄, 마르시아 코너, 《소셜 러닝》 (서울: 크레듀, 2011), p. 30.

3 "코로나 걱정 없이…메타버스 여름수련회 출발~", 국민일보 2021.08.02. http://news.kmib.co.kr/article/view.asp?arcid=0924203157&code=23111113&cp=nv [2021년 1월 4일 접속]

4 "총회교육방송센터, 첫 아동부 예배 영상 28일 업로드", 한국기독공보 2021.12.16. https://pckworld.com/article.php?aid=9181742919 [2022년 1월 4일 접속]

5 "국내 첫 메타버스 접목 교회학교 교재 나왔다", 국민일보 2021.12.06. http://news.kmib.co.kr/article/view.asp?arcid=0924221423&code=23111318&sid1=mcu [2022년 1월 4일 접속]

6 온누리 VR 선교지 체험관 유튜브 채널 주소: https://www.youtube.com/playlist?list=PLYJbDn-TkkO2-STHNSLOS32a3J9N0rsSV [2022년 1월 31일 접속]

7 디지털 리터러시(digital literacy)라는 용어가 등장하기 전에 미디어 리터러시(media literacy)라는 용어가 먼저 소개되었다. 디지털 리터러시는 디지털 기술을 사용하는 콘텐츠로부터의 정보 습득, 분별력, 활용 역량을 의미하는 반면, 미디어 리터러시는 다양한 미디어 콘텐츠(영화, 뉴스, 게임 등)에 대한 문해력을 의미한다고 볼 수 있다. 하지만 기술의 발달로 인해 미디어 영역이 대부분 디지털화(digitalization)되어 감에 따라 두 용어는 호환적으로 사용되기도 한다.

8 바른미디어 유튜브 채널을 참조하라.

9 Cline Schnekloth, "How I Used Minecraft with My Catechism Group," *The Christian Century*, 2020.08.20. https://www.christiancentury.org/article/first-person/how-i-used-minecraft-my-catechism-group [2022년 1월 4일 접속]

10 Jack Bacon, "Use Minecraft to Explore Faith with Our Children and Youth Team." https://www.leeds.anglican.org/news/use-minecraft-explore-faith-our-children-and-youth-team [2022년 1월 4일 접속]

11 Elizabeth Dias, "Facebook's Next Target: The Religious Experience," *New York Times*, 2021.07.25. https://www.nytimes.com/2021/07/25/us/facebook-church.html [2022년 1월 4일 접속]

12 Joe Allen, "Mark Zuckerberg is Planting the First Church of the Metaverse," *The Federalist*. https://thefederalist.com/2021/08/06/mark-zuckerberg-is-planting-

the-first-church-of-the-metaverse/ [2022년 1월 4일 접속]

13 Dias, "Facebook's Next Target: The Religious Experience."

14 VR교회의 홈페이지(https://vrchurch)다. 〈교육교회〉 2021년 11, 12월 합본
호에 실린 이세형 목사의 글, "멀티버스"를 참조하라.

15 알트스페이스VR의 홈페이지는 https://altvr.com/, VR챗의 홈페이지는
https://hello.vrchat.com/이다.

16 https://saddlebackparents.com/

17 페어런트 큐 웹페이지는 https://theparentcue.org/이다.

5장_____교회교육 현장을 위한 메타버스 활용 매뉴얼

1 '교사 실재감'이라는 표현은 다음의 저서에서 빌려 왔음을 밝힌다. 수업과성
장연구소 기획, 신을진, 《온라인 수업, 교사 실재감이 답이다》 (서울: 우리학
교, 2020).

2 Juile Anne Lytle, *Faith Formation 4.0: Introducing an Ecology of Faith in a Digital Age*
(New York: Morehouse Publishing, 2013), p. 79.

3 조은하, "디지털 스토리텔링", 한국근대문학연구 15 (2007.04.), p. 258.

4 이 내용은 미국 루터신학교 블로그 'Faith+Lead'에 수록된 Mary E. Hess
의 "Digital Storytelling for Faith Formation: A Practice to Explore Faith
Together"(2021년 10월 21일 게재)의 내용을 일부 참조하였음을 밝힌다.

5 이 실천은 메리 헤스 교수가 소개한 "스토리 서클"(Story Circles)을 다듬어 소
개했음을 밝힌다.

6 고원석, 《현대기독교교육방법론》(서울: 장로회신학대학교 출판부, 2018), p.
406-419.

7 데이비드 버킹엄, 《우리 아이들은 어떻게 소비자로 키워지는가!》 (서울: 초록

물고기, 2013), p. 5; 김경희 외, 《디지털 미디어 리터러시》 (서울: 한울아카데미, 2018), p. 29.

8 전국미디어리터러시교사협회(KATOM), "코로나19를 이겨 내는 미디어 리터러시 백신 10가지." 이 책에서는 디지털 미디어 리터러시와 관련된 7가지 내용만을 인용했다. 전문은 협회 홈페이지(https://www.katom.me/forum)에서 참조하기를 바란다.

9 김아미는 윌슨과 던컨(2009)을 인용하며 디지털 미디어 리터러시에 대한 3가지 접근을 소개한다. 미디어 중심 접근(스마트폰, 인터넷 등 특정 미디어를 선정해서 그것을 집중적으로 다루는 접근), 주제 중심 접근(특정 주제가 미디어에 어떻게 나타나는지를 살피고 주제에 대한 학생의 의견을 미디어에서 표현하도록 안내하는 접근), 전체적/다중적 접근(미디어 텍스트와 맥락을 함께 학습하는 것에 초점) 등이다. 김아미, 《미디어 리터러시 교육의 이해》 (서울: 커뮤니케이션북스, 2015), p. 46-49. 이 실천은 이 중 전체적/다중적 접근을 염두에 두고 제안된 것이다.

10 "교육 격차 줄이는 데 메타버스를 써 보자", 한국일보 2021.09.16. https://m.hankookilbo.com/News/Read/A2021091513440000661 [2022년 1월 4일 접속]

11 UNESCO Clearinghouse on Global Citizenship Education, "누구도 소외되지 않는 미디어 환경을 위한 어린이 청소년 선언문." https://www.gcedclearinghouse.org/node/106499?language=kr [2022년 1월 19일 접속]

12 여기에 소개하는 지도 프로그램의 인터넷 주소는 PC 버전임을 밝힌다.